Krzysztof Mucha

The German Armoured Infantry Support Gun
Sturmpanzer IV Brummbär

Sturmpanzer IV Brummbär (SdKfz 166, Sturmgeschütz IV für 15cm StuH 43) was a German self-propelled assault gun. Work on the design began in 1942 with a goal of creating a vehicle well suited for the demands of urban warfare. The gun was based on the PzKpfw IV Ausf. E and F and, later, Ausf. G. Initially, the vehicle carried 15 cm StuH 43 howitzer, which was later replaced by a bespoke 15 cm StuH 23/1 L/12 weapon. Brummbär went into production in 1943.

Sturmpanzer IV Brummbär was based on the PzKpfw IV chassis. It featured a StuH 43 L/12 150 mm howitzer mounted in a fixed superstructure and MG 34 machine gun. Gun ports on either side of the fighting compartment allowed the crew to fire their personal weapons from inside the superstructure. Ammunition was loaded through another port, located in the rear of the superstructure. Also mounted in the rear were FuG2/FuG5 radio antenna and a ventilator. Additional protective screens could be mounted on the superstructure's sides.

The Brummbär was powered by a Maybach HL120 TRM engine developing 300 hp, or a Maybach 120 TRM 112 rated at 272 hp. Both were four-stroke air-breathing, liquid-cooled, V-12 motors coupled to a Zahnradfabrik ZF SGG77 gearbox. In total, a little over 300 examples of the vehicle were built.

The Brummbär had its baptism of fire at Kursk. The first unit to receive the new vehicles was Sturmpanzer-Abteilungen 216. The vehicles also fought in the Falaise Pocket and helped crush the Warsaw Uprising.

Sturmpanzer IV Brummbär (SdKfz 166, Sturmgeschütz IV für 15cm StuH 43) – niemieckie działo pancerne. Prace nad nową konstrukcją rozpoczęto w 1942 roku miała ona na celu stworzenie pojazdu zdolnego do walk w mieście. Jako podwozie wykorzystano platformy czołgów PzKpfw IV Ausf. E i F, a później także Ausf. G. Uzbrojone zostały w haubice 15cm StuH 43, a następnie w specjalnie przygotowane dla Brummbära – haubice 15cm StuH 43/1 L/12. W maju 1943 roku ruszyła produkcja seryjna.

Sturmpanzer IV Brummbär został skonstruowany na podwoziu czołgu PzKpfw IV. Działo zostało wyposażone w nową wieżę. Pojazd został wyposażony w haubicę StuH 43 L/12 kal. 150 mm, karabin maszynowy MG 34. Po bokach przedziału bojowego znajdowały się otwierane luki skąd można było prowadzić ostrzał bronią ręczną. W tylnej części umieszczono specjalny luk do załadunku pocisków oraz wentylator i antenę radiostacji FuG2 i FuG5. Do ścian bocznych można było zamontować specjalne ekrany przeciwpancerne.

Sturmpanzer IV Brummbär został wyposażony w silnik Maybach HL120 TRM o mocy 300 KM lub Maybach 120TRM 112 o mocy 272 KM. Były to silniki czterosuwowe, 12-cylindrowe, gaźnikowe, chłodzone cieczą o układzie V. Wyposażone były w skrzynię biegów typu Zahnradfabrik ZF SGG77. Łącznie zbudowano nieco ponad 300 pojazdów.

Działo miało swój debiut bojowy w bitwie na Łuku Kurskim. Pierwsze pojazdy trafiły do 216 dywizjonu dział szturmowych. Sturmpanzer IV Brummbär brały także udział m.in. w bitwie pod Falaise, czy tłumieniu Powstania Warszawskiego.

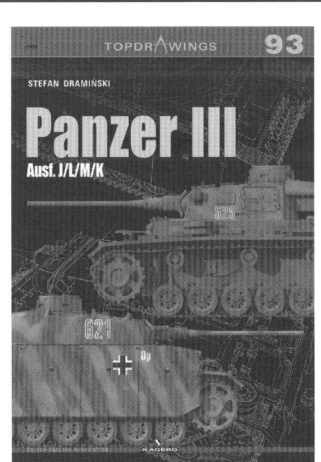  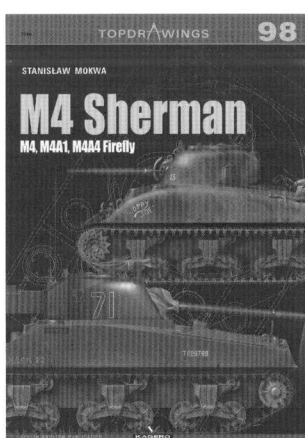 

MORE AT SHOP.KAGERO.PL • WIĘCEJ NA SKLEP.KAGERO.PL

The German Armoured Infantry Support Gun Sturmpanzer IV Brummbär • Krzysztof Mucha
First edition / Wydanie pierwsze • LUBLIN 2021 • ISBN 978-83-66673-27-4

© All rights reserved. / Wszystkie prawa zastrzeżone. Wykorzystywanie fragmentów tej książki do przedruków w gazetach i czasopismach, w audycjach radiowych i programach telewizyjnych bez pisemnej zgody Wydawcy jest zabronione. Nazwa serii zastrzeżona. Printed in Poland/Wydrukowano w Polsce.
Translation / Tłumaczenie: **Joanna Jewdoszuk, Piotr Kolasa** • Color profiles / Plansze barwne: **Arkadiusz Wróbel, Samir Karmieh** • Scale drawings / Rysunki techniczne: **Krzysztof Mucha** • Design: **KAGERO STUDIO**

Distribution / Dystrybucja: Kagero Publishing • www.kagero.pl • e-mail: kagero@kagero.pl, marketing@kagero.pl
Editorial Office, Marketing / Redakcja, Marketing: Kagero Publishing, ul. Akacjowa 100, os. Borek, Turka, 20-258 Lublin 62, Poland, phone/fax +48 81 501 21 05

Brummbär

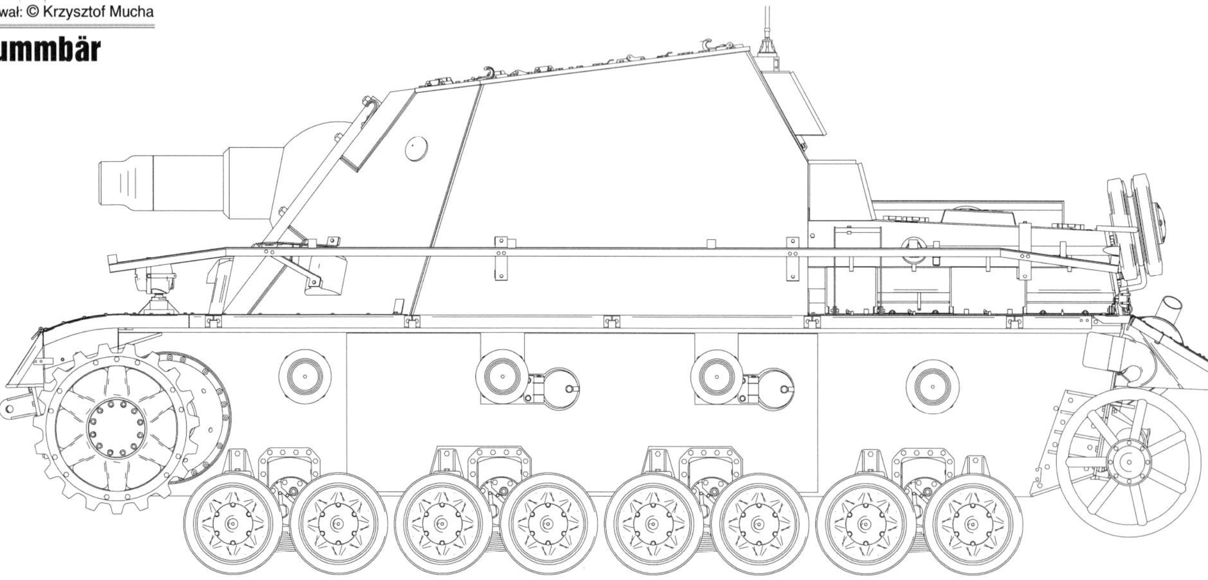

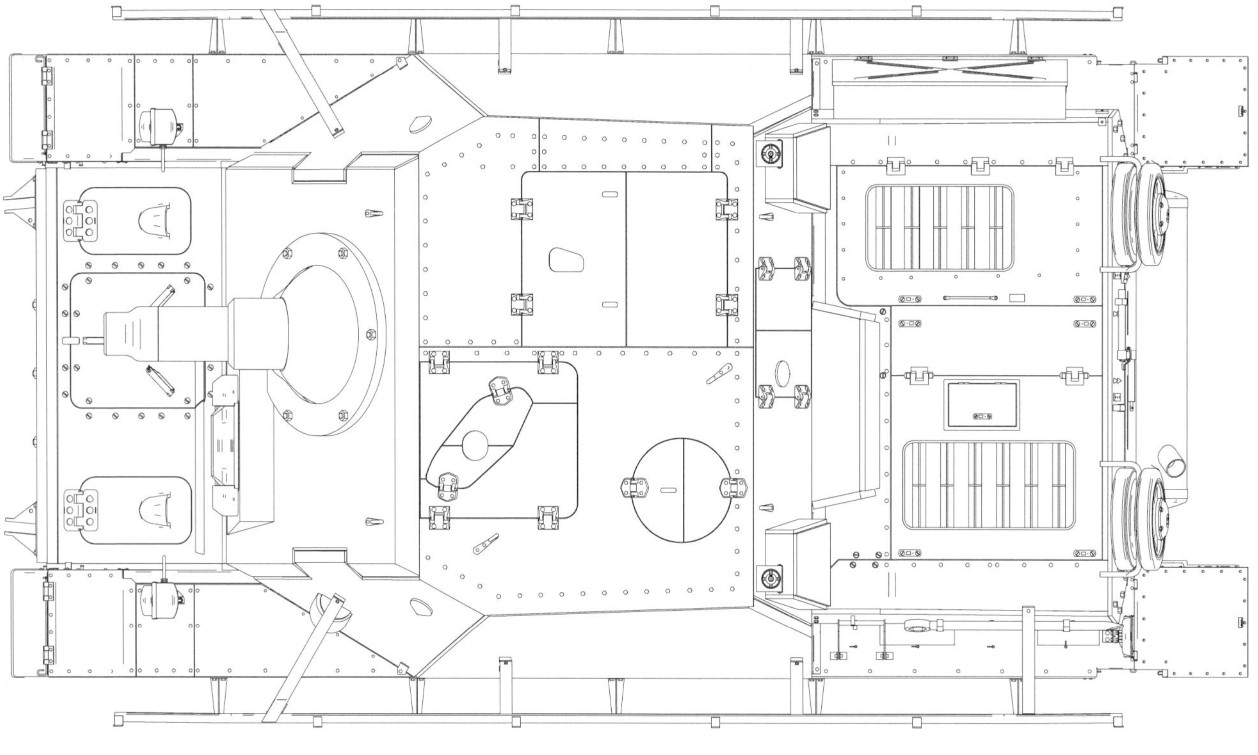

Sheet/Arkusz 1

15 cm Sturmpanzer 43 (L/12)IV (Sd.Kfz. 166)

Assault gun from early production series based on Pz.Kpfw. IV Ausf E hull. The appearance of this vehicle was recreated based on the only preserved example at Kubinka. Vehicles from this series took part in the fighting at Kursk in July of 1943.
(Source: Kołomijec, Svirin: "Kurskaja duga", EksPrint 1998, pg.28).

Vehicles from the early series were characterized by:
- Pz.Kpfw. IV Ausf E hull,
- composite side wall of the superstructure,
- driver's visor port adapted from Tiger I tank (Fahrersehklappe 80)
- flat, angled towards the front, upper plate of the superstructure with three hatches for commander, gunner and loaders.
- armored covers for fans on the rear plate of the superstructure,
- two antennas placed over fans,
- roller type end of the gun sleeve
- two-piece cover for Sfl.Z.F.1a sight in gunner's hatch
- two spare road wheel mounts on the rear hull wall,
- toolbox located on the right rear fender,
- conical plugs for pistol ports (MP Stopfen),
- two Bosch headlights mounted on the front fenders,
- mounts for the towing line mounted on the upper hull plate, which covered the gearbox,
- lack of Zimmerit.

15 cm Sturmpanzer 43 (L/12)IV (Sd.Kfz. 166)

Działo szturmowe wczesnej serii produkcyjnej opartej o wannę pochodzącą z Pz.Kpfw. IV Ausf. E. Wygląd tego pojazdu odtworzono na podstawie jedynego, zachowanego egzemplarza w muzeum w Kubince.
Pojazdy tej wersji brały udział w bitwie na Łuku Kurskim w lipcu 1943 r. (źródło: Kołomijec, Svirin: "Kurskaja duga", EksPrint 1998, str. 28)

Wozy wczesnej serii charakteryzowały się:
- wanną pochodzącą z Pz.Kpfw. IV Ausf. E
- łamaną, boczną ścianą przedziału bojowego,
- wizjerem kierowcy pochodzącym z czołgu Tiger I (Fahrerblende 80)
- płaską, nachyloną do przodu, górną płytą przedziału bojowego wyposażoną w 3 oddzielne włazy: dowódcy, celowniczego, ładowniczych
- pancernymi osłonami wentylatorów na tylnej płycie przedziału bojowego
- dwiema antenami umieszczonymi nad osłonami wentylatorów
- walcowym zakończeniem osłony lufy
- dwudzielną osłoną celownika Sfl.Zf.1a umieszczoną we włazie celowniczego
- dwoma pojedynczymi wieszakami kół zapasowych mocowanymi z tyłu do płyty silnikowej
- skrzynką narzędziową umieszczoną na tylnym, prawym błotniku
- stożkowymi zatyczkami otworów strzelniczych (MP Stopfen)
- dwiema lampami typu Bosch montowanymi na przednich błotnikach
- uchwytami do mocowania liny holowniczej umieszczonej na górnej płycie wanny, przykrywającej przekładnię główną
- brakiem zimmeritu

Scale/Skala 1/35

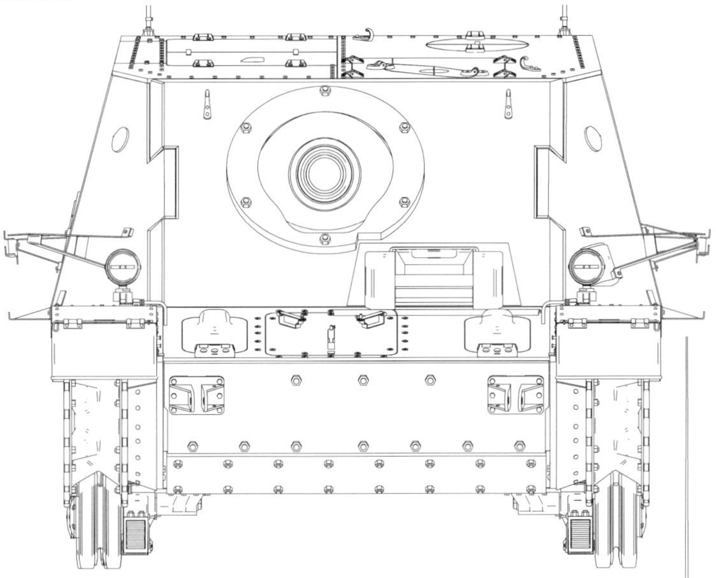

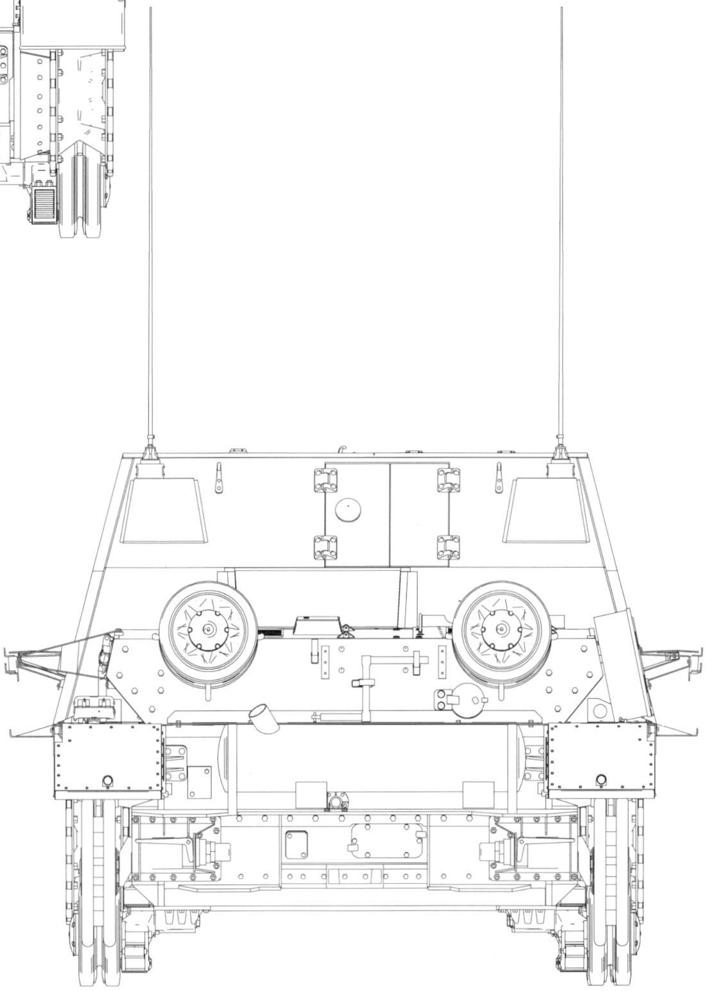

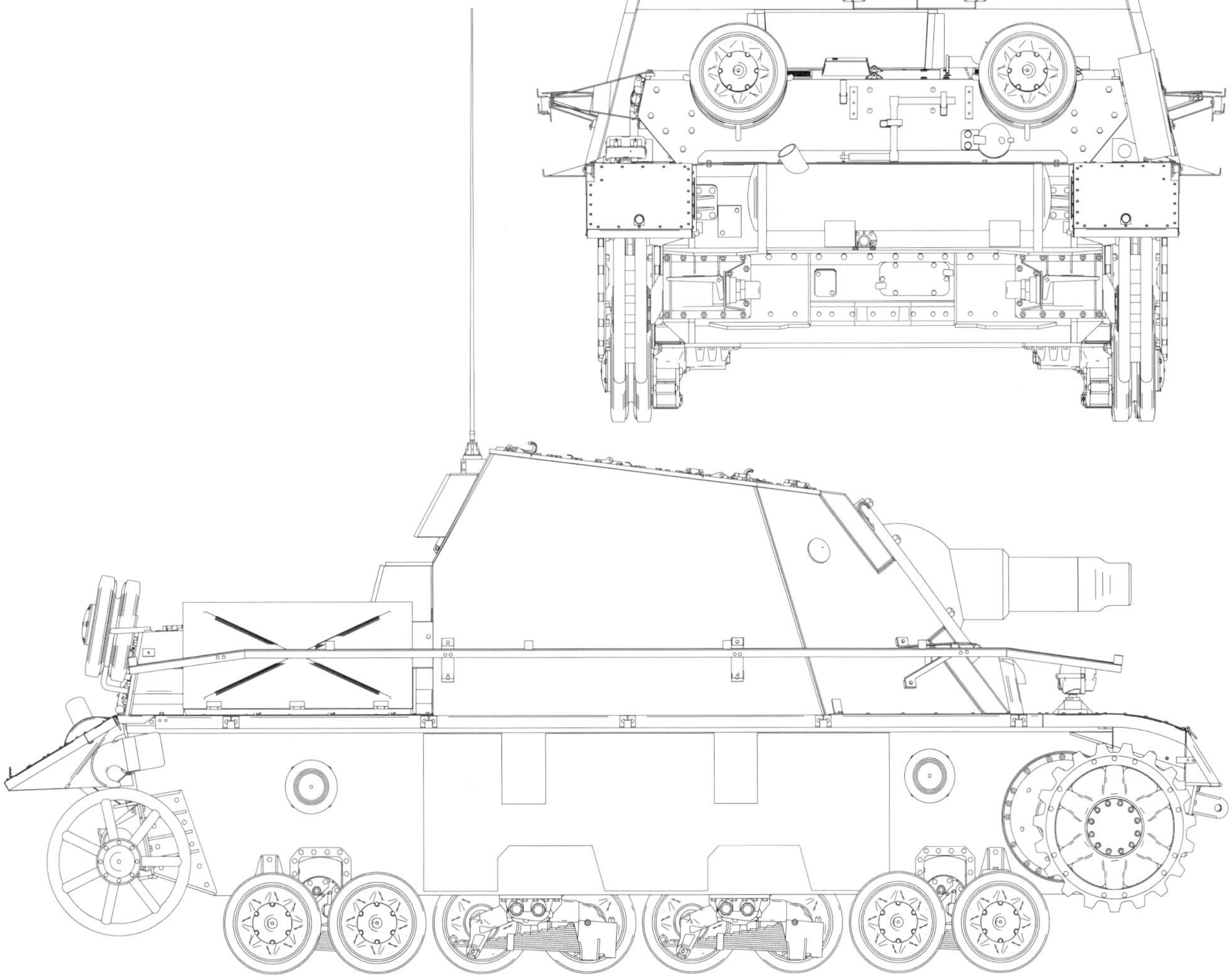

TOPDRAWINGS
Drawings/rysował: © Krzysztof Mucha

Brummbär

Sheet/Arkusz 3

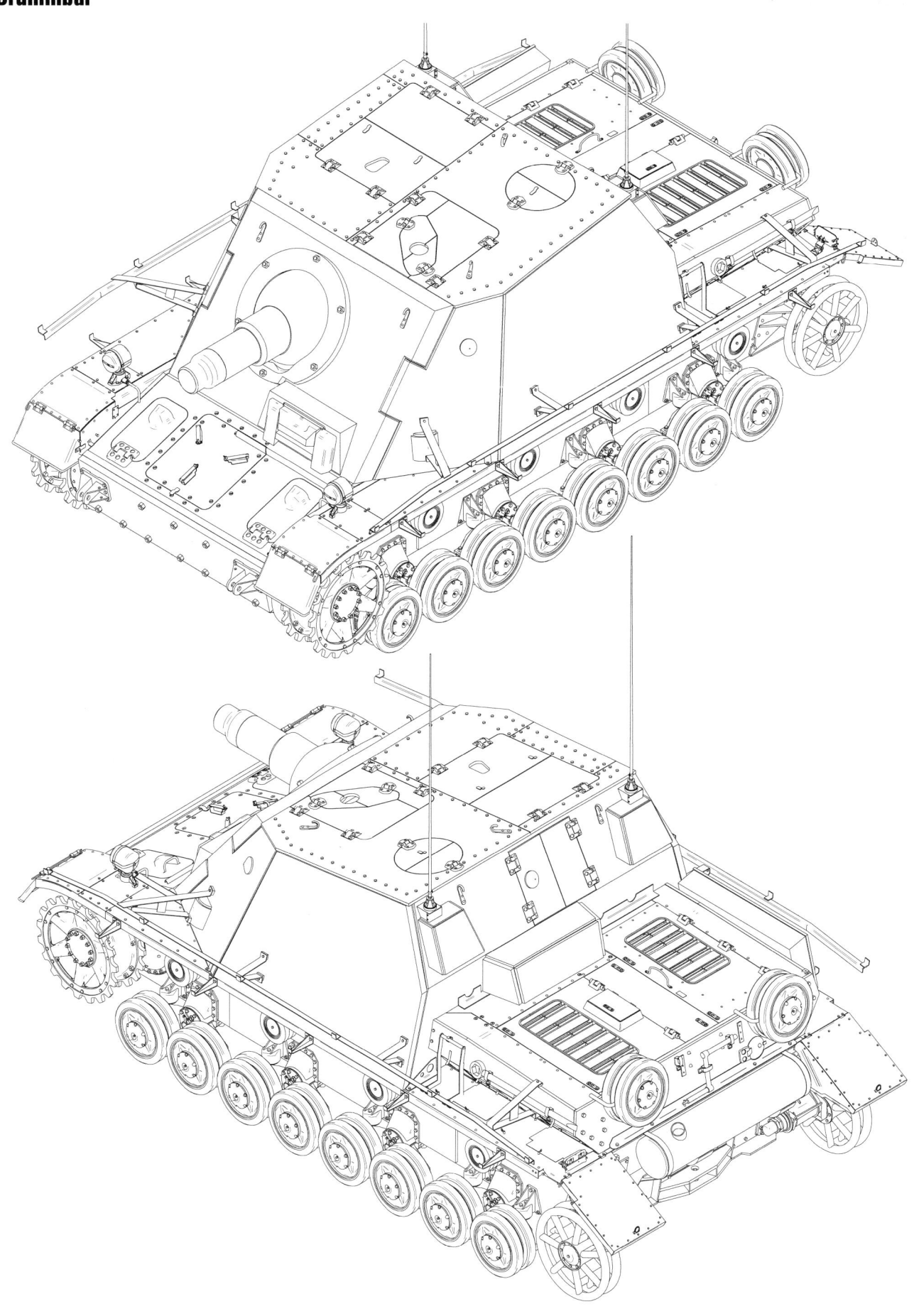

Scale/Skala 1/35

www.kagero.eu
www.shop.kagero.pl

Brummbär

TOPDRAWINGS
Drawings/rysował: © Krzysztof Mucha

Sheet/Arkusz 4

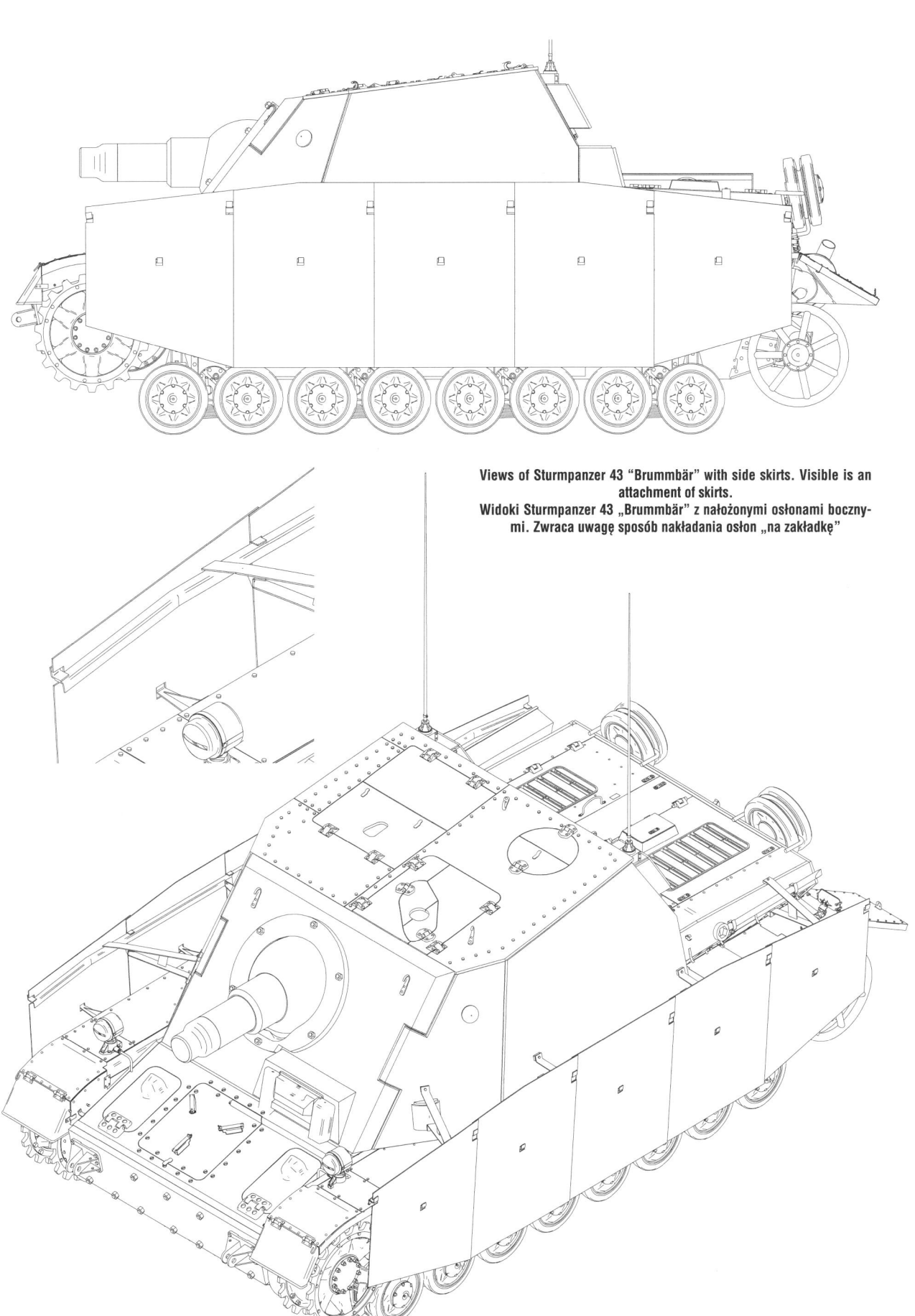

Views of Sturmpanzer 43 "Brummbär" with side skirts. Visible is an attachment of skirts.
Widoki Sturmpanzer 43 „Brummbär" z nałożonymi osłonami bocznymi. Zwraca uwagę sposób nakładania osłon „na zakładkę"

Scale/Skala 1/35

www.kagero.eu
www.shop.kagero.pl

Sheet/Arkusz 5

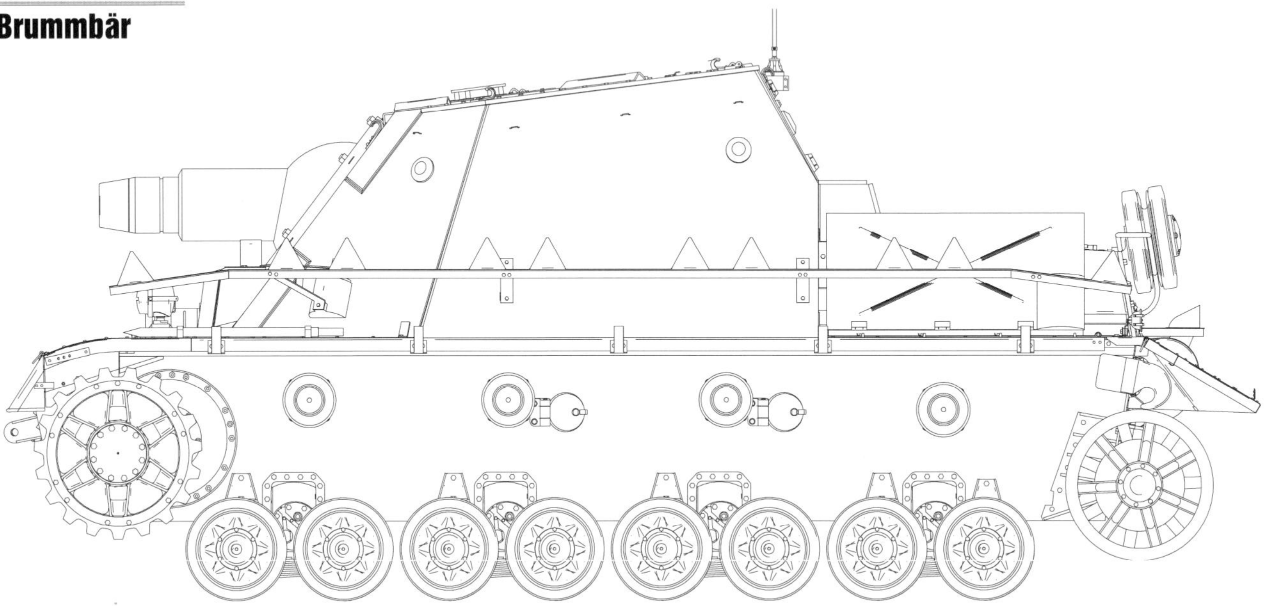

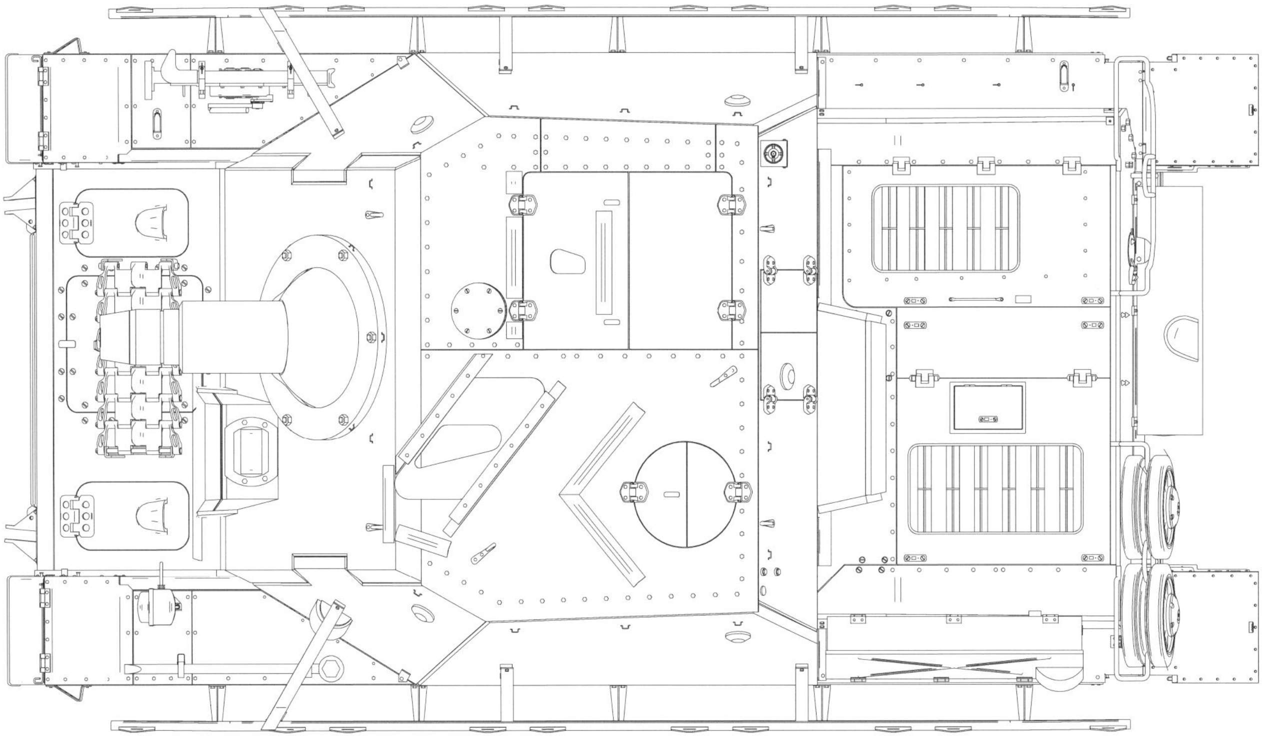

15 cm Sturmpanzer 43 (L/12)IV (Sd.Kfz. 166)
Assault gun from mid production series based on Pz.Kpfw. IV Ausf H hull. The appearance of this vehicle was recreated based on the preserved example at Aberdeen.

Vehicles from the mid production series were characterized by:
- Pz.Kpfw. IV Ausf H hull,
- composite side wall of the superstructure,
- driver's periscope in an armored cover,
- flat, angled towards the front, upper plate of the superstructure with two hatches for commander and loaders.
- fan for fighting compartment located on the upper plate,
- additional pistol ports in the side walls of the superstructure,
- cut off conical plugs for pistol ports,
- single antenna located on the rear wall of the superstructure,
- modified howitzer with conical end of the barrel,
- Sfl.Z.F.1a gun sight mounted in movable cover mount,
- two twin spare road wheel mounts on the rear hull wall,
- modified toolbox located on the left rear fender,
- single Bosch headlight mounted on the front left fender,
- platform with cover for exhaust pipe over the muffler,
- coat of Zimmerit on side areas.

15 cm Sturmpanzer 43 (L/12)IV (Sd.Kfz. 166)
Działo szturmowe tzw. środkowej serii produkcyjnej opartej o wannę pochodzącą z Pz. Kpfw. IV Ausf. H. Wygląd tego pojazdu odtworzono na podstawie egzemplarza zachowanego w muzeum w Aberdeen.

Wozy tzw. środkowej serii charakteryzowały się:
- wanną pochodzącą z Pz.Kpfw. IV Ausf. H
- łamaną, boczną ścianą przedziału bojowego,
- peryskopem kierowcy w pancernej osłonie
- płaską, nachyloną do przodu, górną płytą przedziału bojowego wyposażoną w 2 oddzielne włazy: dowódcy i ładowniczych
- wentylatorem przedziału bojowego umieszczonym na górnej płycie
- dodatkowymi otworami strzelniczymi w bocznych ścianach przedziału bojowego
- ściętymi, stożkowymi zatyczkami otworów strzelniczych
- jedną anteną umieszczoną na tylnej ścianie przedziału bojowego
- zmodyfikowaną haubicą o stożkowym zakończeniu osłony lufy
- celownikiem Sfl.Zf.1a umieszczonym w przesuwnej osłonie
- dwoma podwójnymi wieszakami kół zapasowych mocowanymi z tyłu do płyty silnikowej
- zmodyfikowaną skrzynką narzędziową umieszczoną na tylnym, lewym błotniku
- jedną lampą typu Bosch montowaną na przednim, lewym błotniku
- platformą z osłoną rury wydechowej nad tłumikiem
- zimmeritem na powierzchniach bocznych

Scale/Skala 1/35

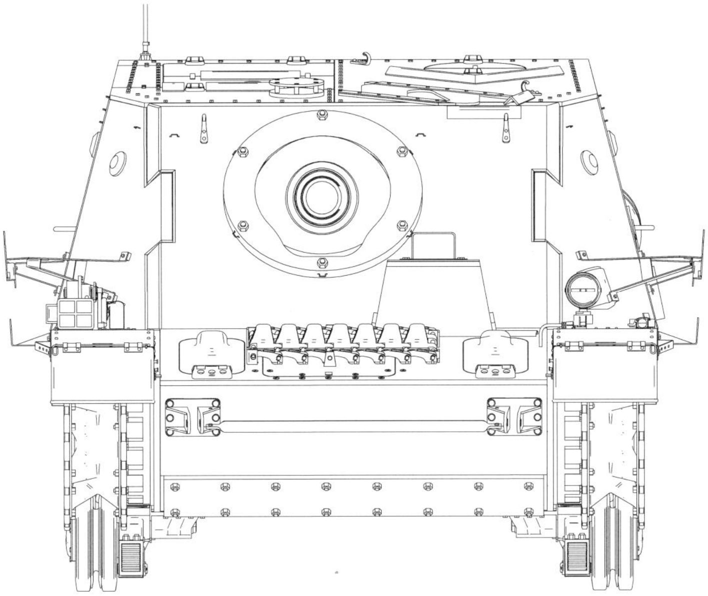

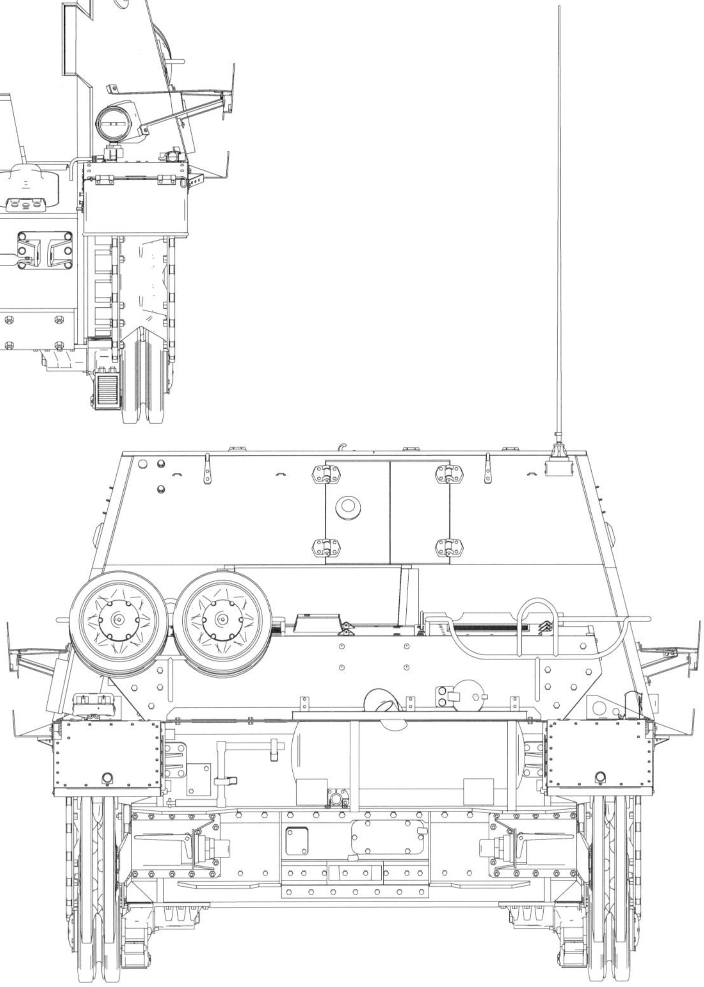

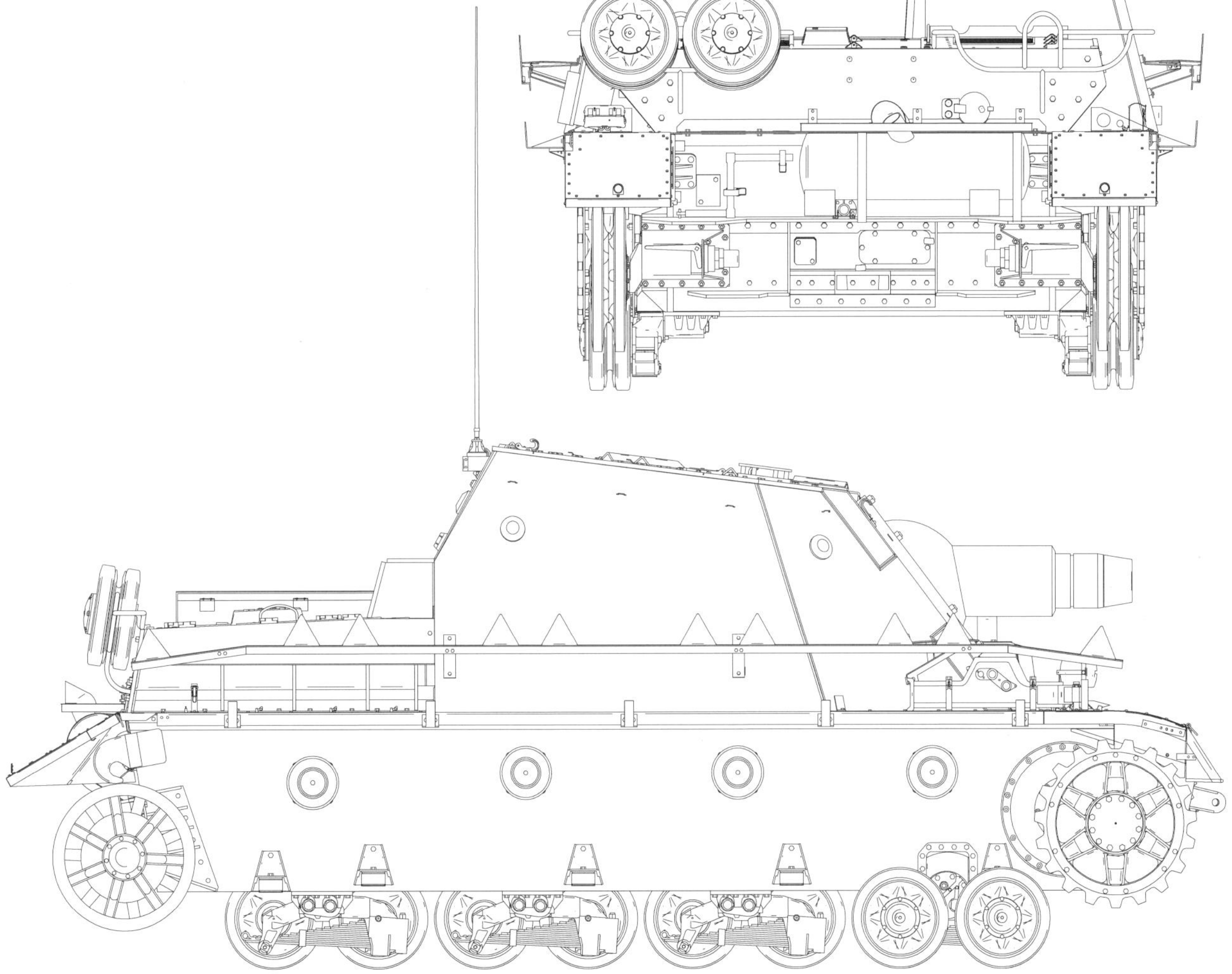

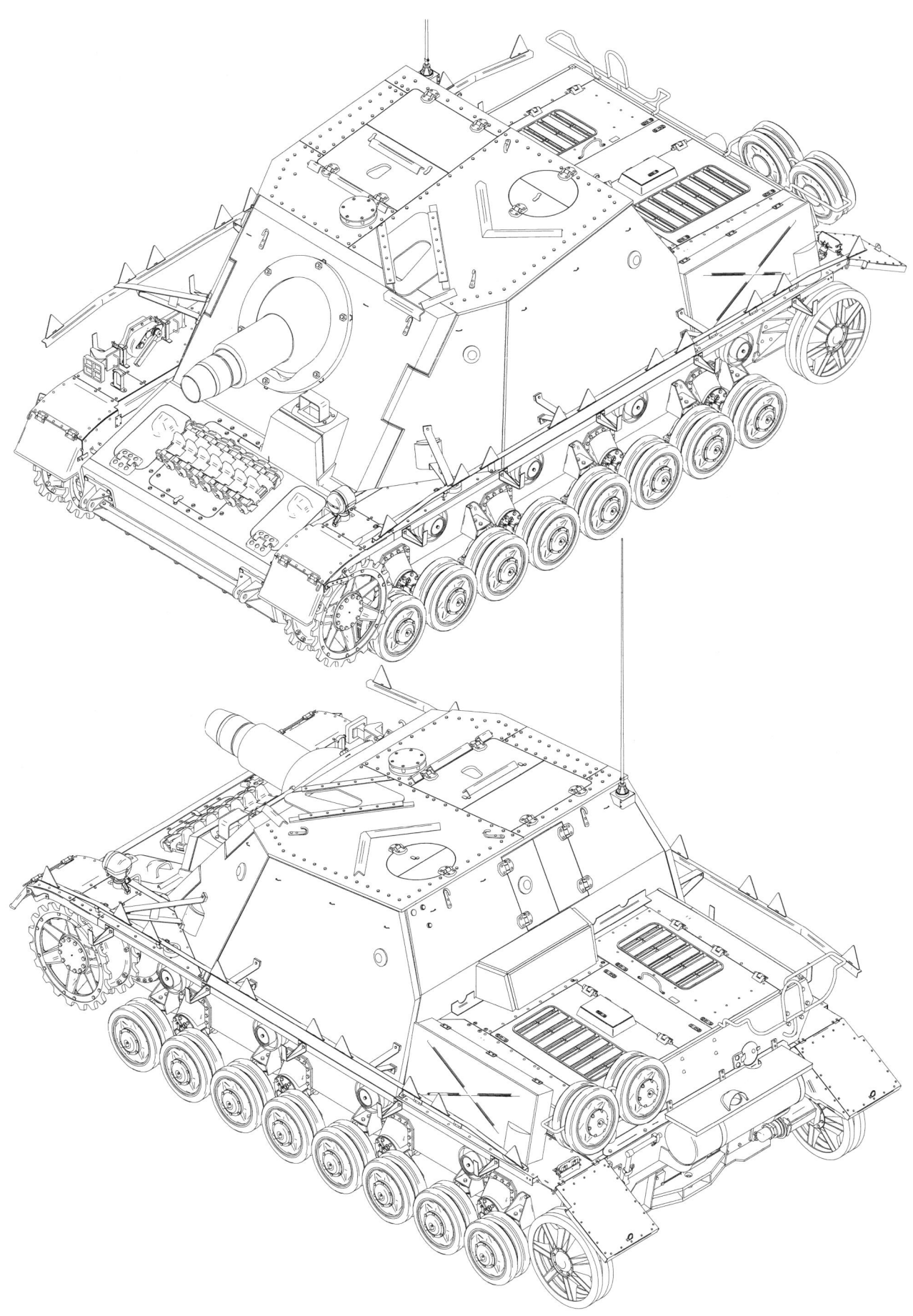

TOPDRAWINGS

Drawings/rysował: © Krzysztof Mucha

Brummbär

Sheet/Arkusz 8

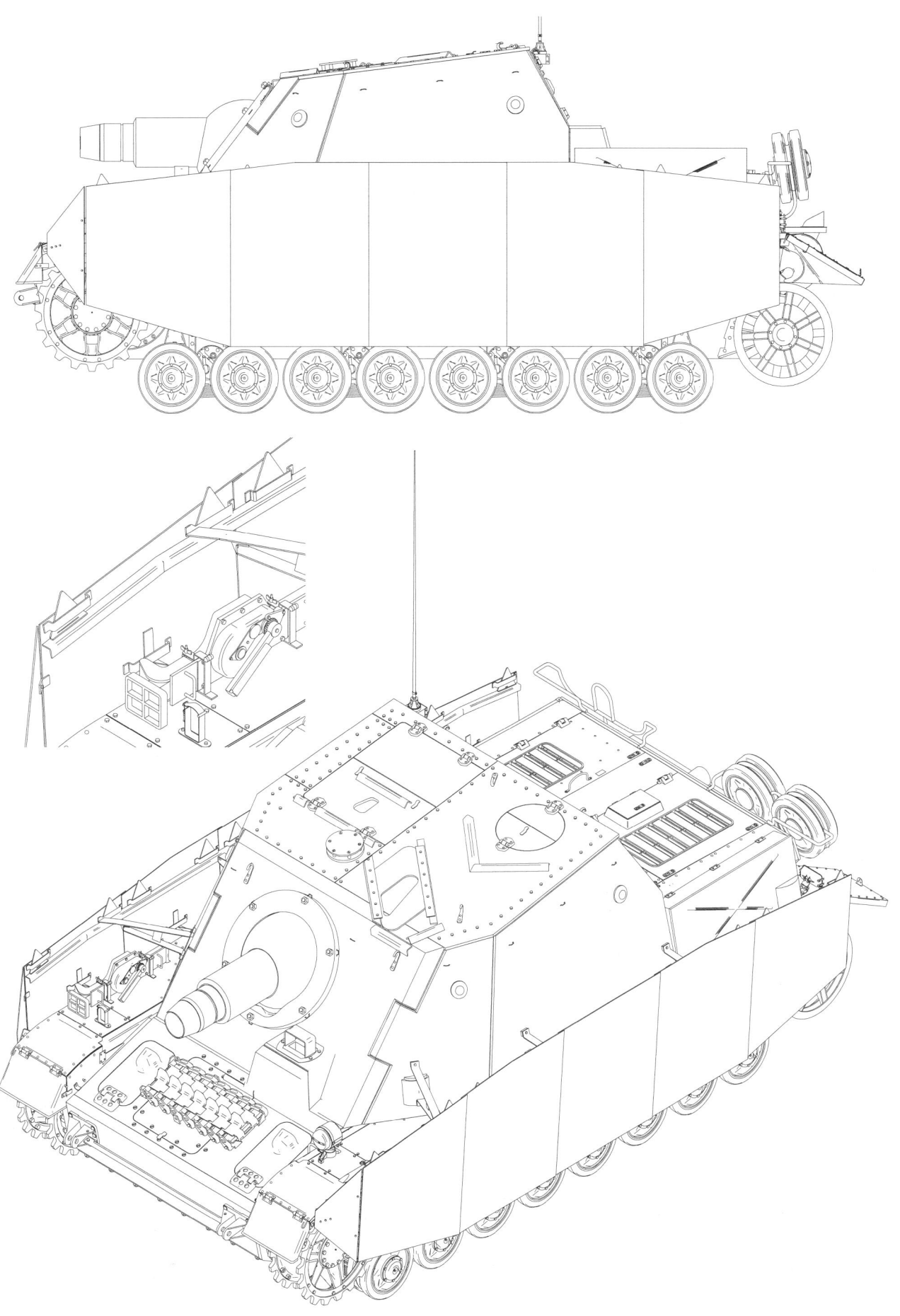

Scale/Skala 1/35

www.kagero.eu
www.shop.kagero.pl

Brummbär

Sheet/Arkusz 9

Drawings/rysował: © Krzysztof Mucha

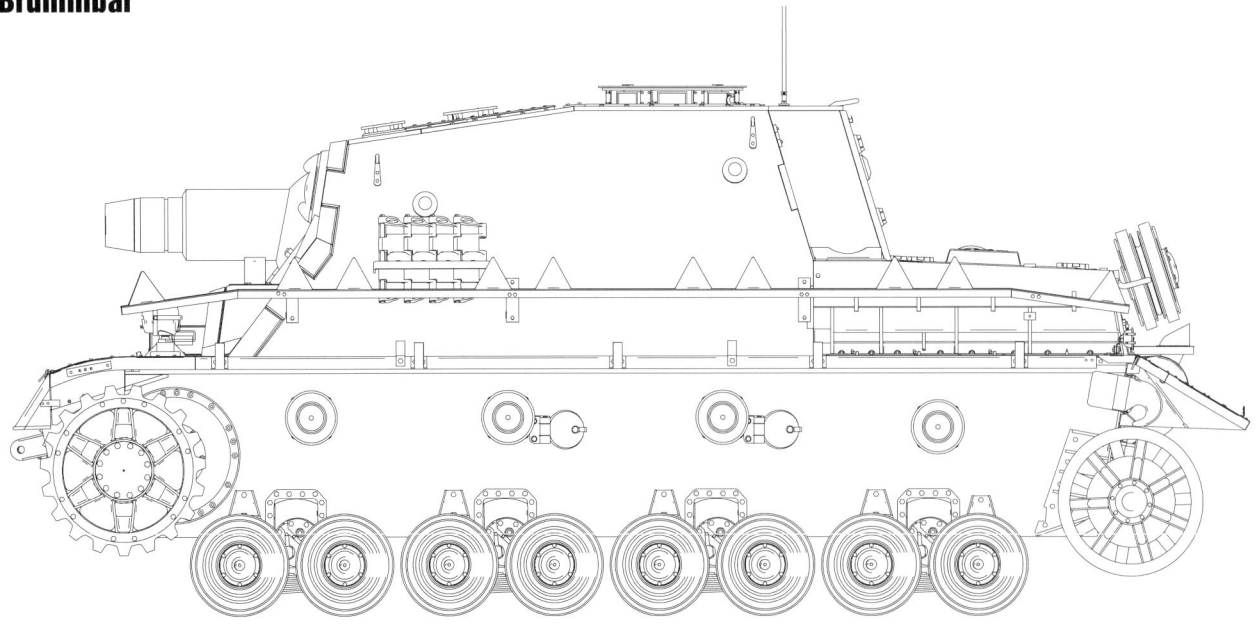

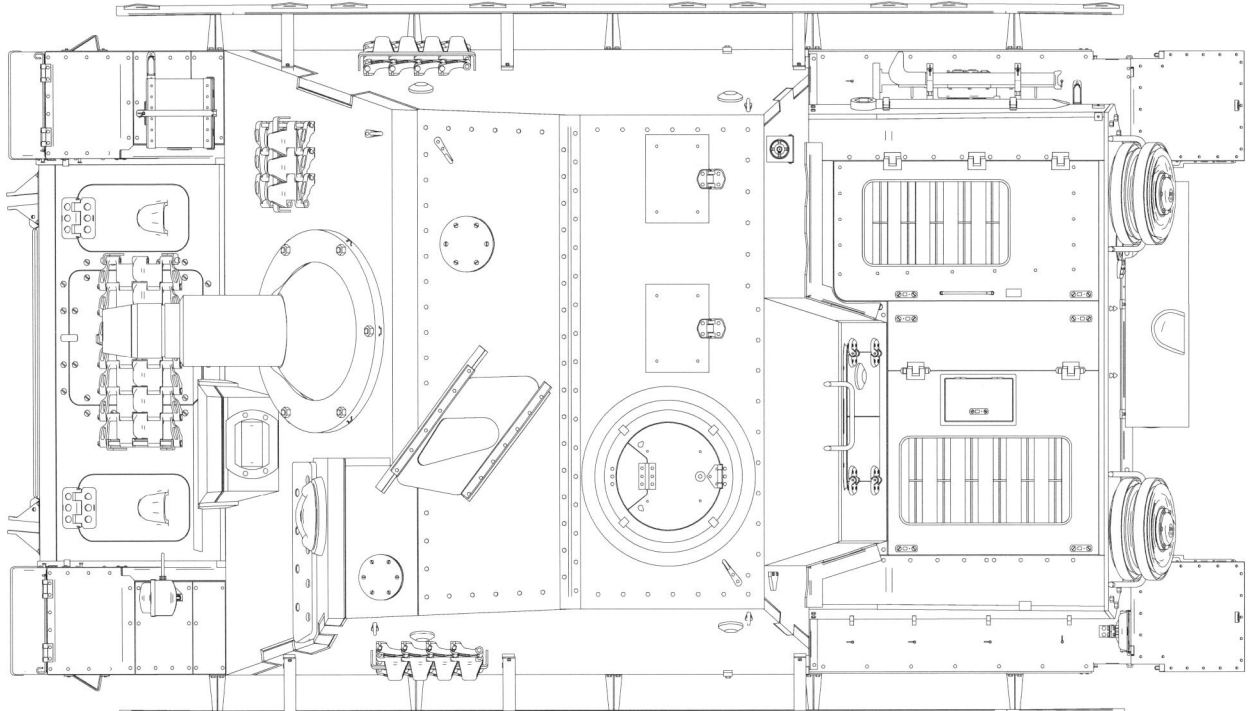

15 cm Sturmpanzer 43 (L/12)IV (Sd.Kfz. 166)
Assault gun from late production series based on Pz.Kpfw. IV Ausf H or J hull. The appearance of this vehicle was recreated based on the preserved examples at Saumur and Munster.

Vehicles from the late series were characterized by:
- Pz.Kpfw. IV Ausf H or J hull,
- straight side wall of the superstructure,
- armored cover for driver's periscope,
- composite upper plate of the superstructure with single hatch for commander and two rectangular openings used probably for ventilation,
- MG 34 in Kugelblende 80 mount in front superstructure plate,
- additional fan for MG in upper plate of the superstructure,
- main entry hatch for fighting compartment in the rear wall of the superstructure,
- two single spare road wheel mounts on the rear hull wall
- solid steel road wheels,
- coat of Zimmerit on side areas (last vehicles didn't have coat of Zimmerit).

15 cm Sturmpanzer 43 (L/12)IV (Sd.Kfz. 166)
Działo szturmowe późnej serii produkcyjnej opartej o wannę pochodzącą z Pz.Kpfw. IV Ausf. H lub J. Wygląd tego pojazdu odtworzono na podstawie egzemplarzy zachowanych w muzeach w Saumur i w Munster.

Wozy tzw. późnej serii charakteryzowały się:
- wanną pochodzącą z Pz.Kpfw. IV Ausf. H lub J
- prostą, boczną ścianą przedziału bojowego,
- pancerną osłoną peryskopu kierowcy
- łamaną, górną płytą przedziału bojowego wyposażoną jedynie we właz dowódcy z peryskopami oraz dwoma prostokątnymi otworami służącymi prawdopodobnie do wentylacji
- MG 34 w osłonie Kugelblende 80 umieszczonym w przedniej płycie przedziału bojowego
- dodatkowym wentylatorem km umieszczonym na górnej płycie
- głównym włazem do przedziału bojowego umieszczonym w wykuszu tylnej ściany
- dwoma, pojedynczymi wieszakami kół zapasowych mocowanymi do tylnej płyty silnikowej
- całkowicie metalowymi kołami nośnymi
- powierzchniami bocznymi pokrytymi zimmeritem (ostatnie egzemplarze nie posiadały zimmeritu)

Scale/Skala 1/35

www.kagero.eu
www.shop.kagero.pl

Sturmpanzer IV of Sturmpanzer-Abteilung 219. Budapest area, March 1945.
Sturmpanzer IV „Brummbär" (Sd.Kfz. 166), Sturmpanzer Abteilung 219, Węgry, marzec 1945 r.

Sturmpanzer IV of Sturmpanzer-Abteilung 216. East Prussia, March 1945.
Sturmpanzer IV „Brummbär" (Sd.Kfz. 166), Sturmpanzer Abteilung 216, Prusy Wschodnie, luty 1945 r.

Painted by / Malował: Arkadiusz Wróbel

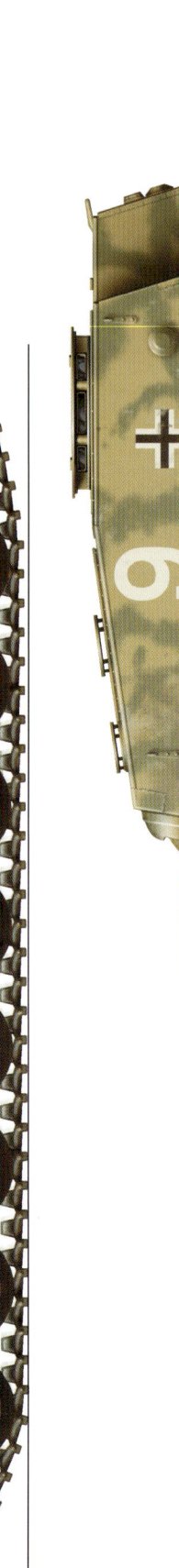

Sturmpanzer IV of Sturmpanzer-Abteilung 216. Italian front, June 1944.
Sturmpanzer IV „Brummbär" (Sd.Kfz. 166), Sturmpanzer Abteilung 216, Włochy, czerwiec 1944 r.

Sturmpanzer IV of Sturmpanzer-Kompanie 218 z.b.V. Warsaw Uprising, September 1944.
Sturmpanzer IV „Brummbär" (Sd.Kfz. 166), Sturmpanzer Abteilung 218, Polska, Powstanie Warszawskie 1944 r.

Painted by / Malował: Arkadiusz Wróbel

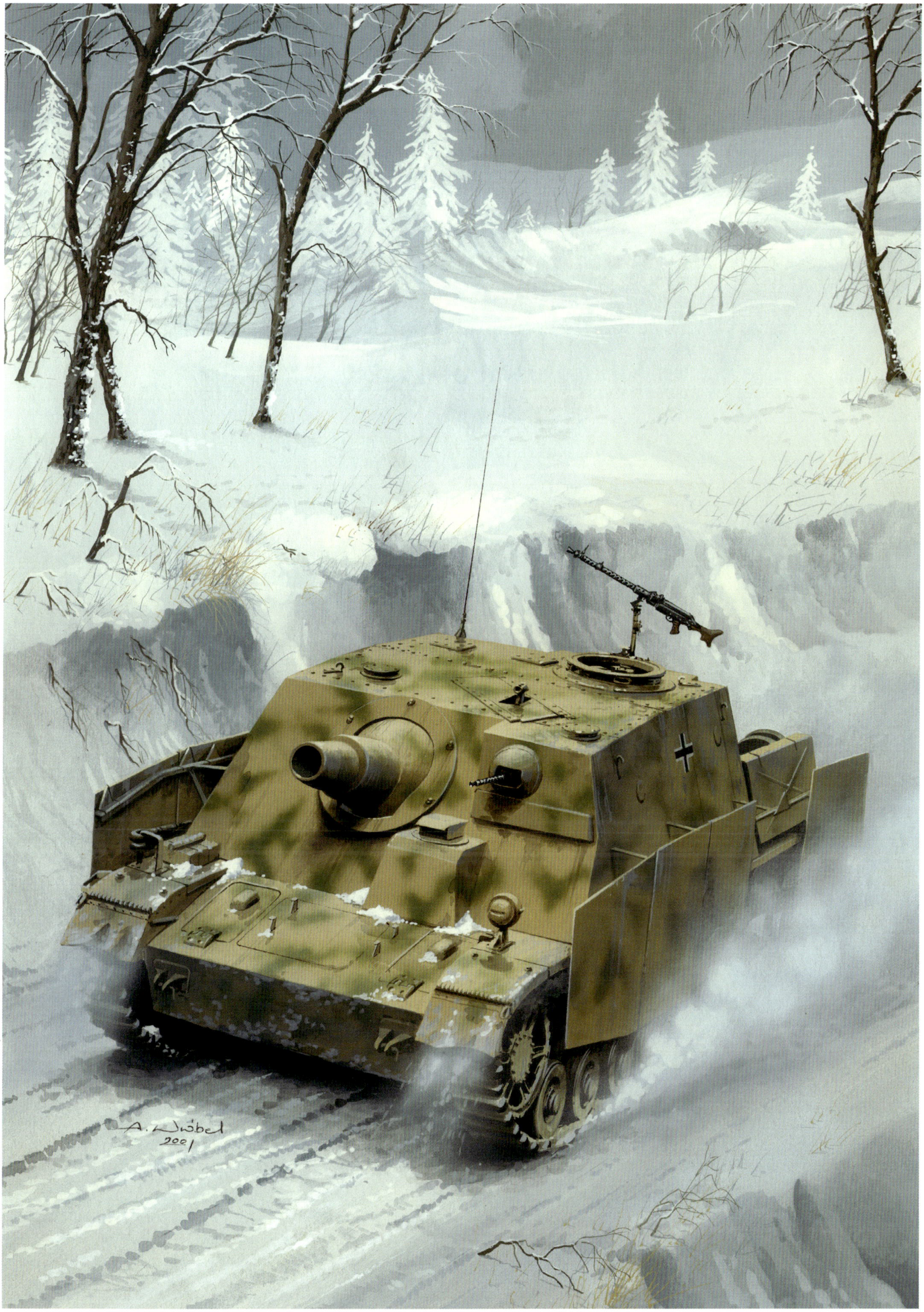

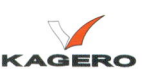

Sturmpanzer IV Brummbär, Eastern Front.
Sturmpanzer IV Brummbär, Front Wschodni.

Drawings/Rysował:
Arkadiusz Wróbel

KAGERO
publishing

Sheet/Arkusz A

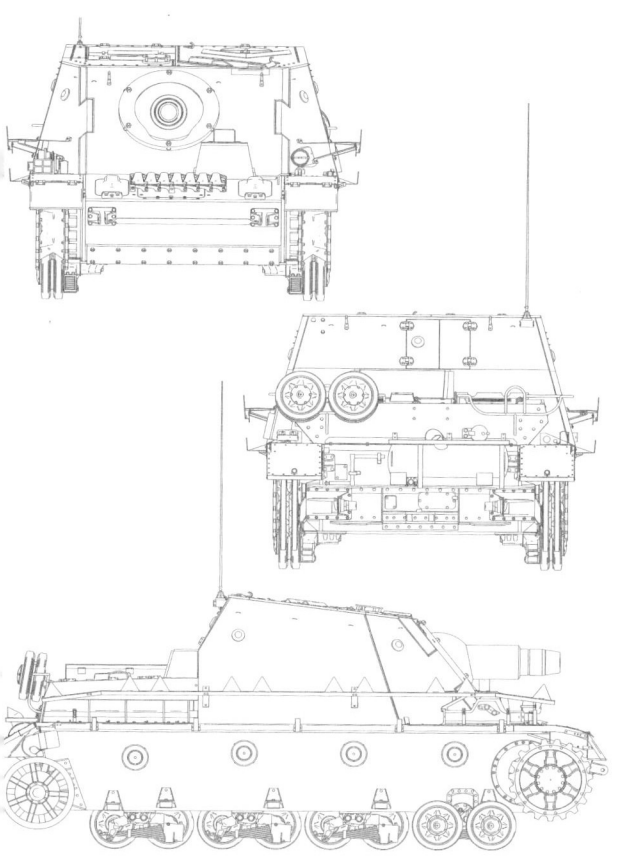

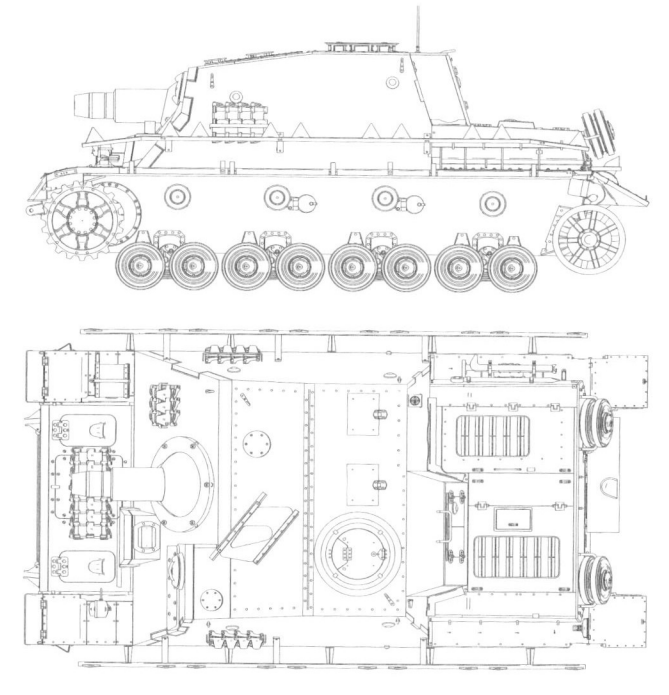

15 cm Sturmpanzer 43 (L/12)IV (Sd.Kfz. 166)
Assault gun from late production series based on Pz.Kpfw. IV Ausf H or J hull. The appearance of this vehicle was recreated based on the preserved examples at Saumur and Munster.

15 cm Sturmpanzer 43 (L/12)IV (Sd.Kfz. 166)
Działo szturmowe późnej serii produkcyjnej opartej o wannę pochodzącą z Pz.Kpfw. Ausf. H lub J. Wygląd tego pojazdu odtworzono na podstawie egzemplarzy zachowanych w muzeach w Saumur i w Munster.

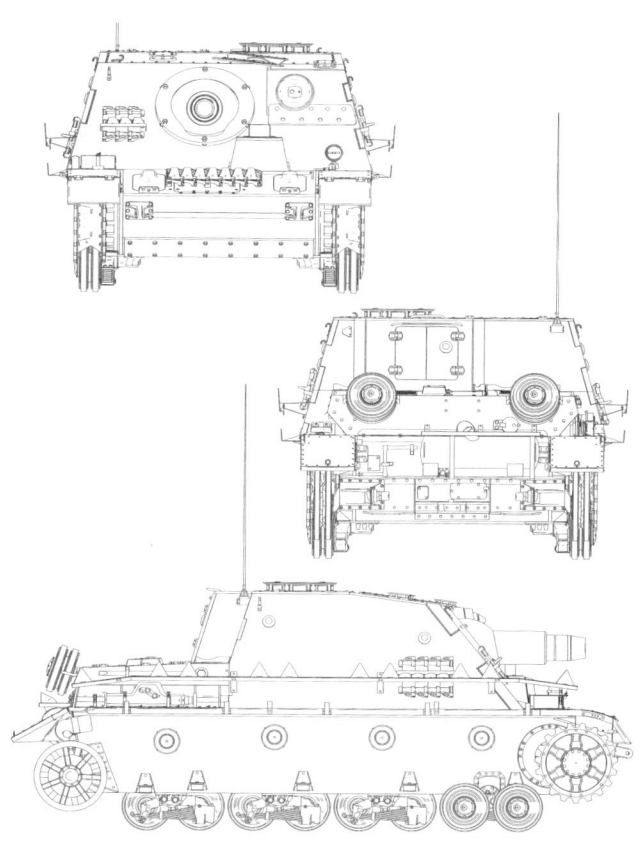

Sturmpanzer 43 with extra track links as additional protection for the fighting compartment. Drawing based on the photo of Sturmpanzer 43 captured by Canadian troops in France. (Source: Waffen Revue Nr 86, Journal-Verlag Schwend GmbH 1992, pg. 31)

Sturmpanzer 43 z zapasowymi ogniwami gąsienic stanowiącymi dodatkową osłonę przedziału bojowego. Rysunek wykonany na podstawie zdjęcia Sturmpanzer 43 zdobytego przez oddziały kanadyjskie we Francji (źródło: Waffen Revue Nr 86, Journal-Verlag Schwend GmbH 1992, str. 31)

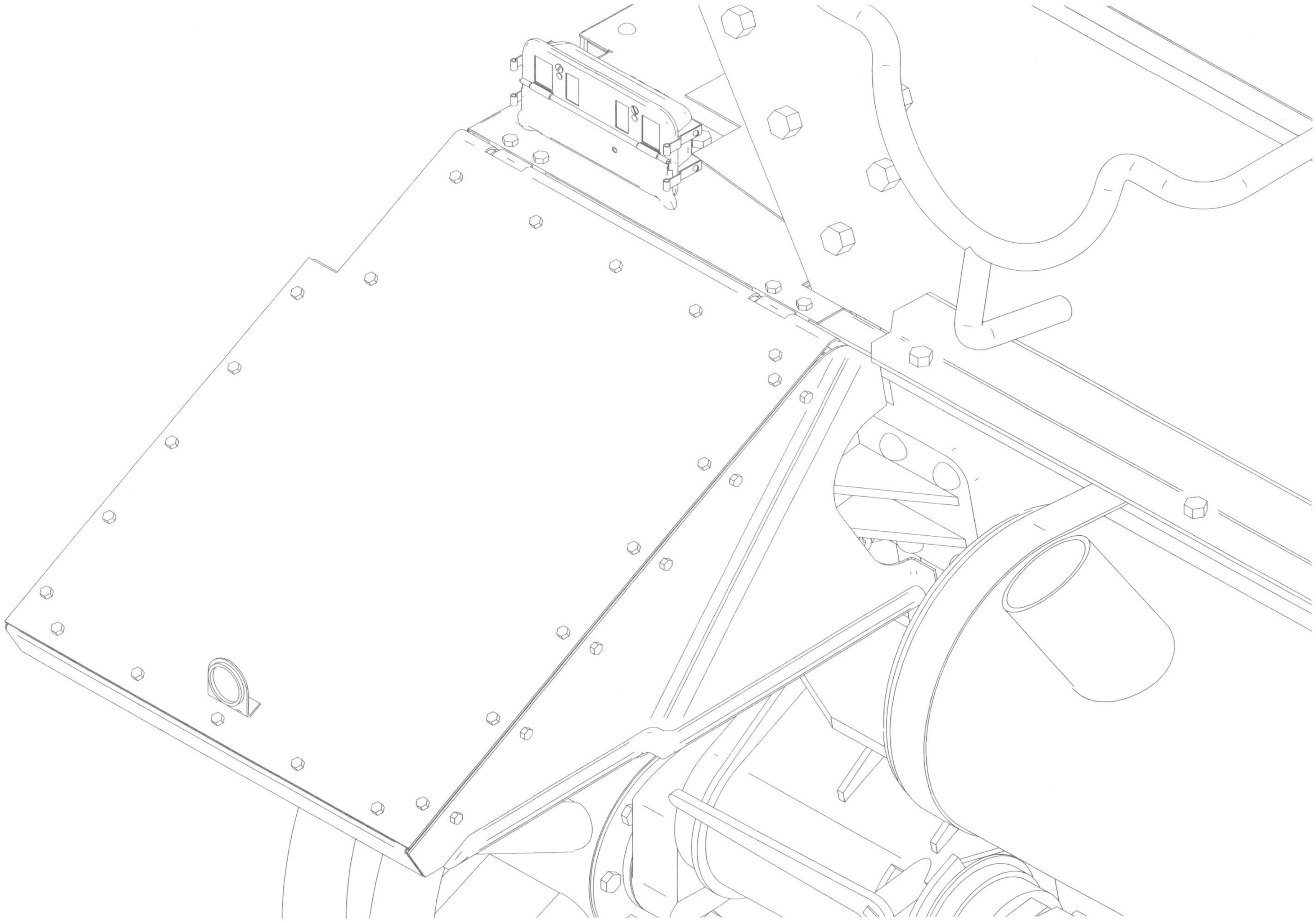

from early production series.
wczesnej serii produkcyjnej.
bez skali

www.kagero.eu
www.shop.kagero.pl

TopDrawings
Drawings/rysował: © Krzysztof Mucha

Brummbär

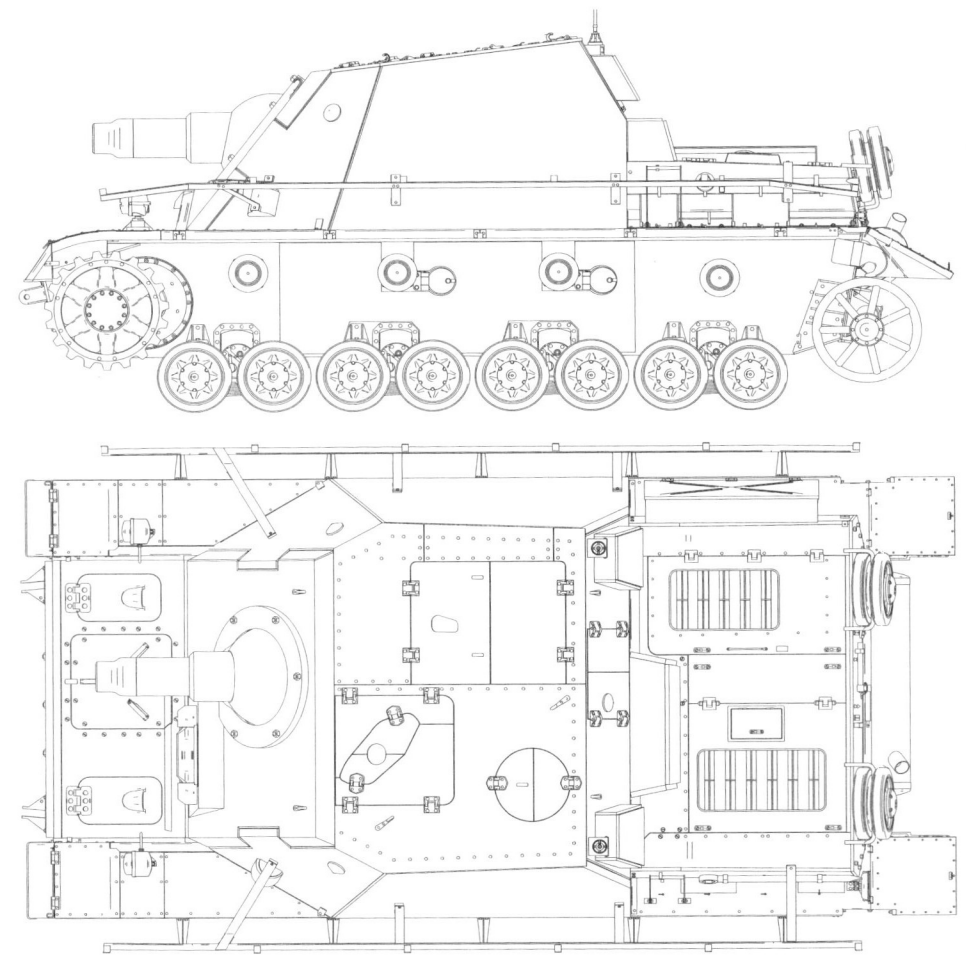

15 cm Sturmpanzer 43 (L/12)IV (Sd.Kfz. 166)
Assault gun from early production series based on Pz.Kpfw. IV Ausf E hull. The appearance of this vehicle was recreated based on the only preserved example at Kubinka.

15 cm Sturmpanzer 43 (L/12)IV (Sd.Kfz. 166)
Działo szturmowe wczesnej serii produkcyjnej opartej o wannę pochodzącą z Pz.Kpfw. IV Ausf. E. Wygląd tego pojazdu odtworzono na podstawie jedynego, zachowanego egzemplarza w muzeum w Kubince.

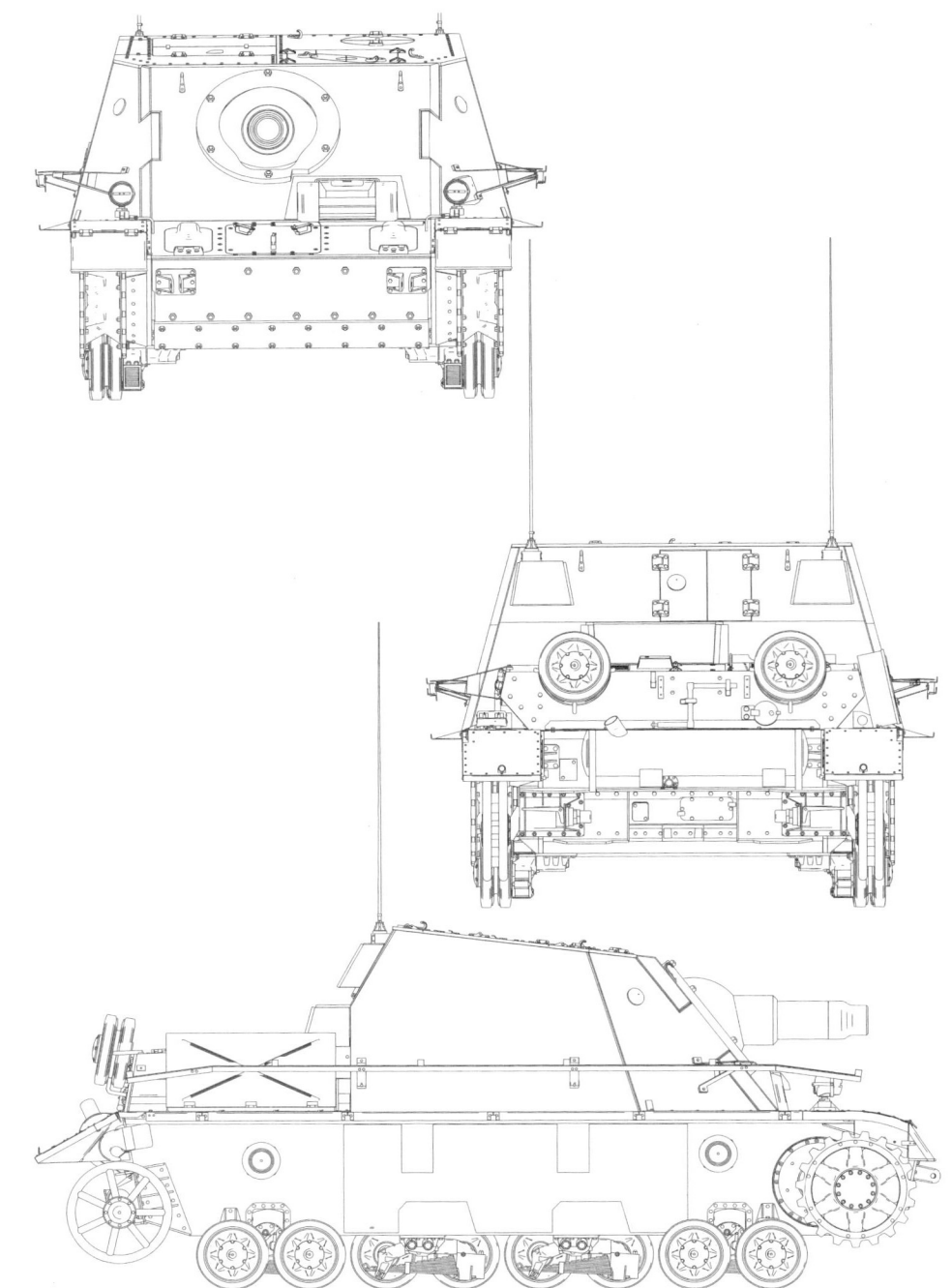

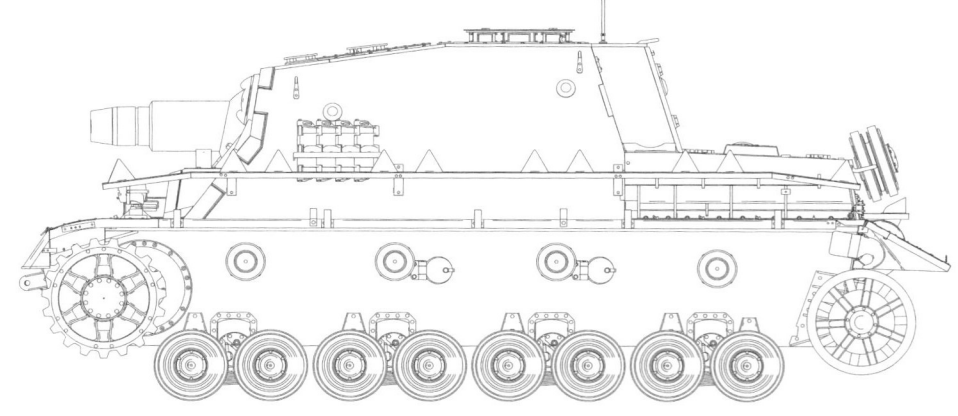

15 cm Sturmpanzer 43 (L/12)IV (Sd.Kfz. 166)
Assault gun from late production series based on Pz.Kpfw. IV Ausf H or J hull. The appearance of this vehicle was recreated based on the preserved examples at Saumur and Munster.

15 cm Sturmpanzer 43 (L/12)IV (Sd.Kfz. 166)
Działo szturmowe późnej serii produkcyjnej opartej o wannę pochodzącą z Pz.Kpfw. IV Ausf. H lub J. Wygląd tego pojazdu odtworzono na podstawie egzemplarzy zachowanych w muzeach w Saumur i w Munster.

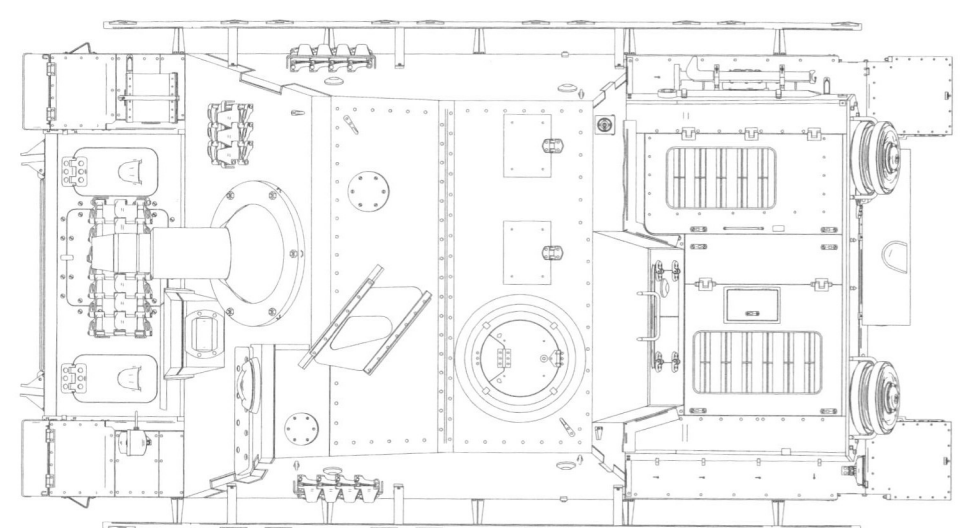

Scale/Skala: 1/48

Sheet/Arkusz B

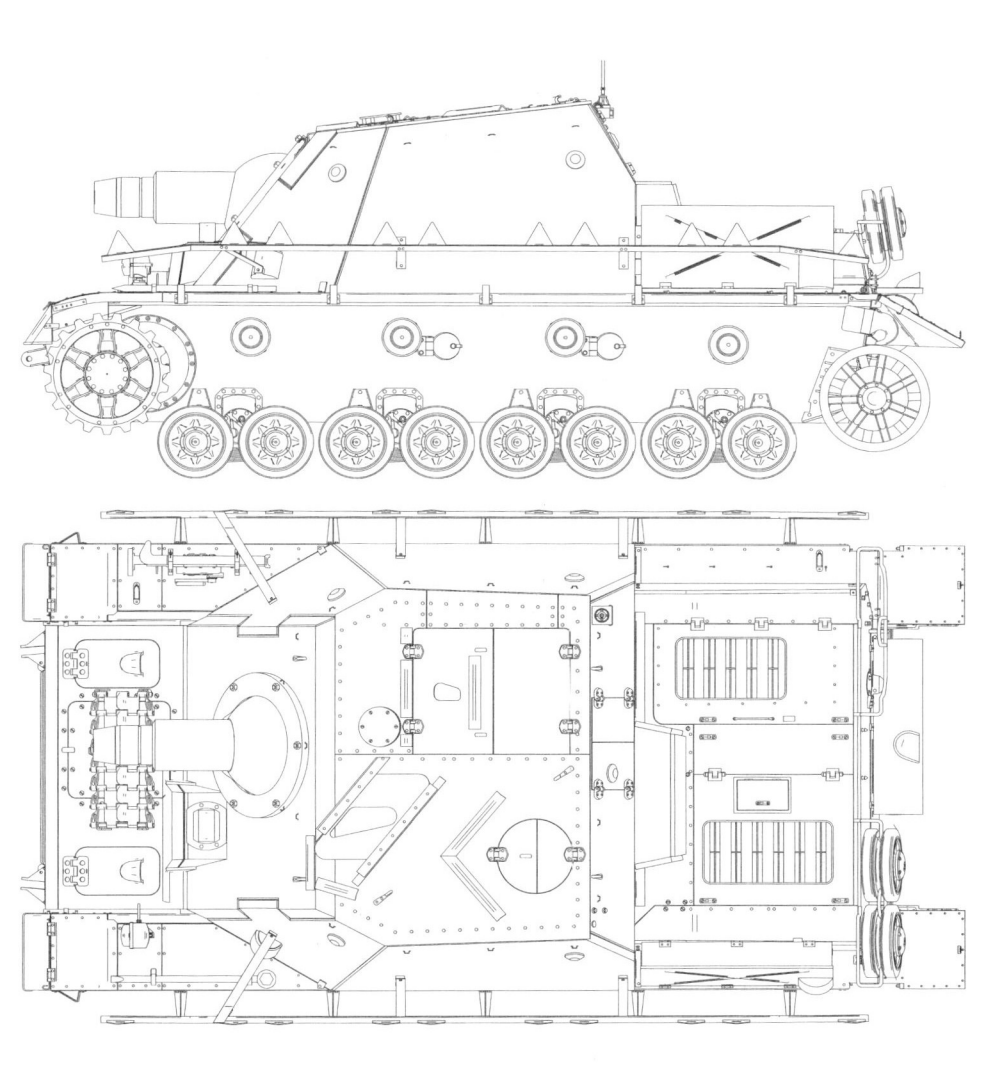

15 cm Sturmpanzer 43 (L/12)IV (Sd.Kfz. 166)
Assault gun from mid production series based on Pz.Kpfw. IV Ausf H hull. The appearance of this vehicle was recreated based on the preserved example at Aberdeen.

15 cm Sturmpanzer 43 (L/12)IV (Sd.Kfz. 166)
Działo szturmowe tzw. środkowej serii produkcyjnej opartej o wannę pochodzącą z Pz.Kpfw. IV Ausf. H. Wygląd tego pojazdu odtworzono na podstawie egzemplarza zachowanego w muzeum w Aberdeen.

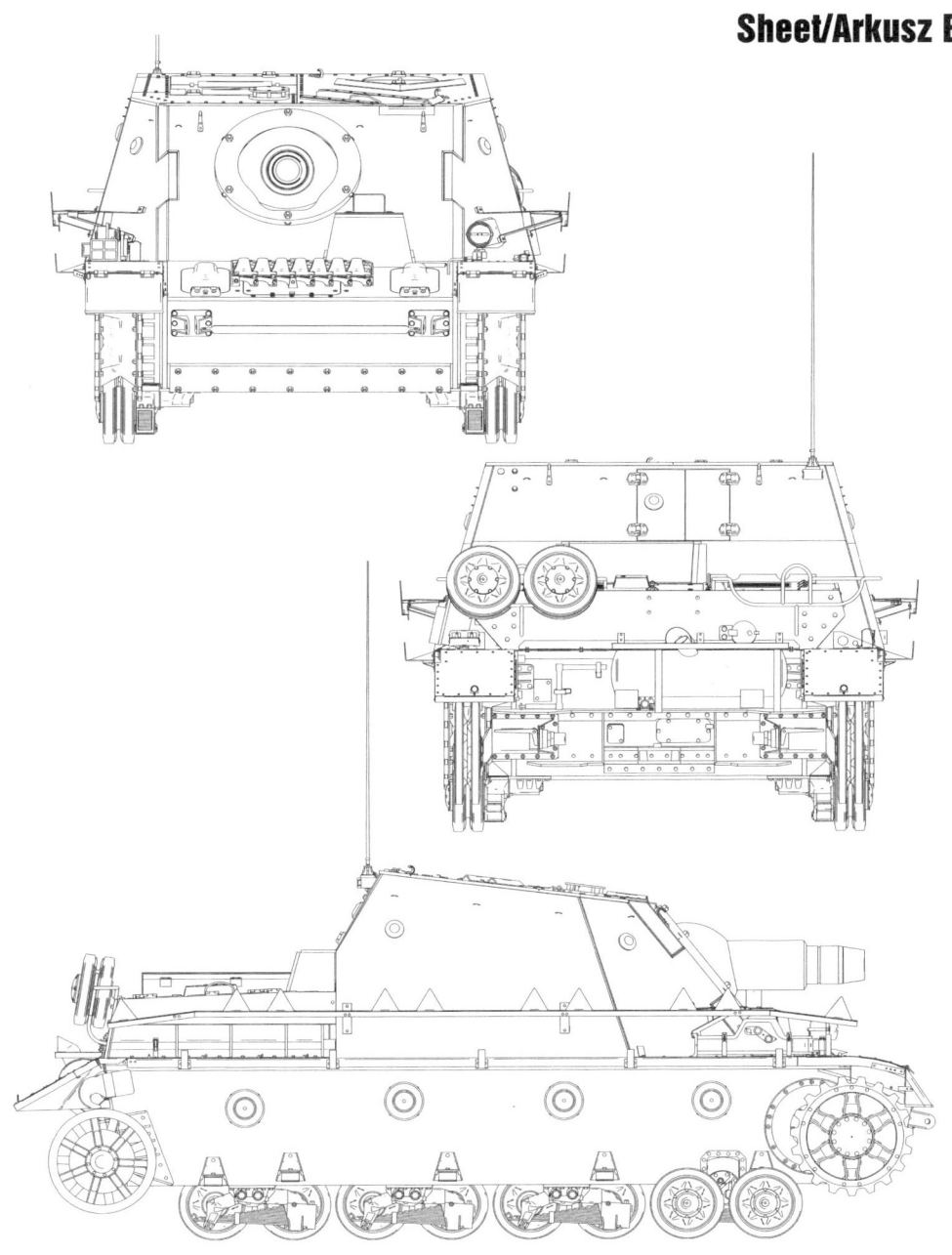

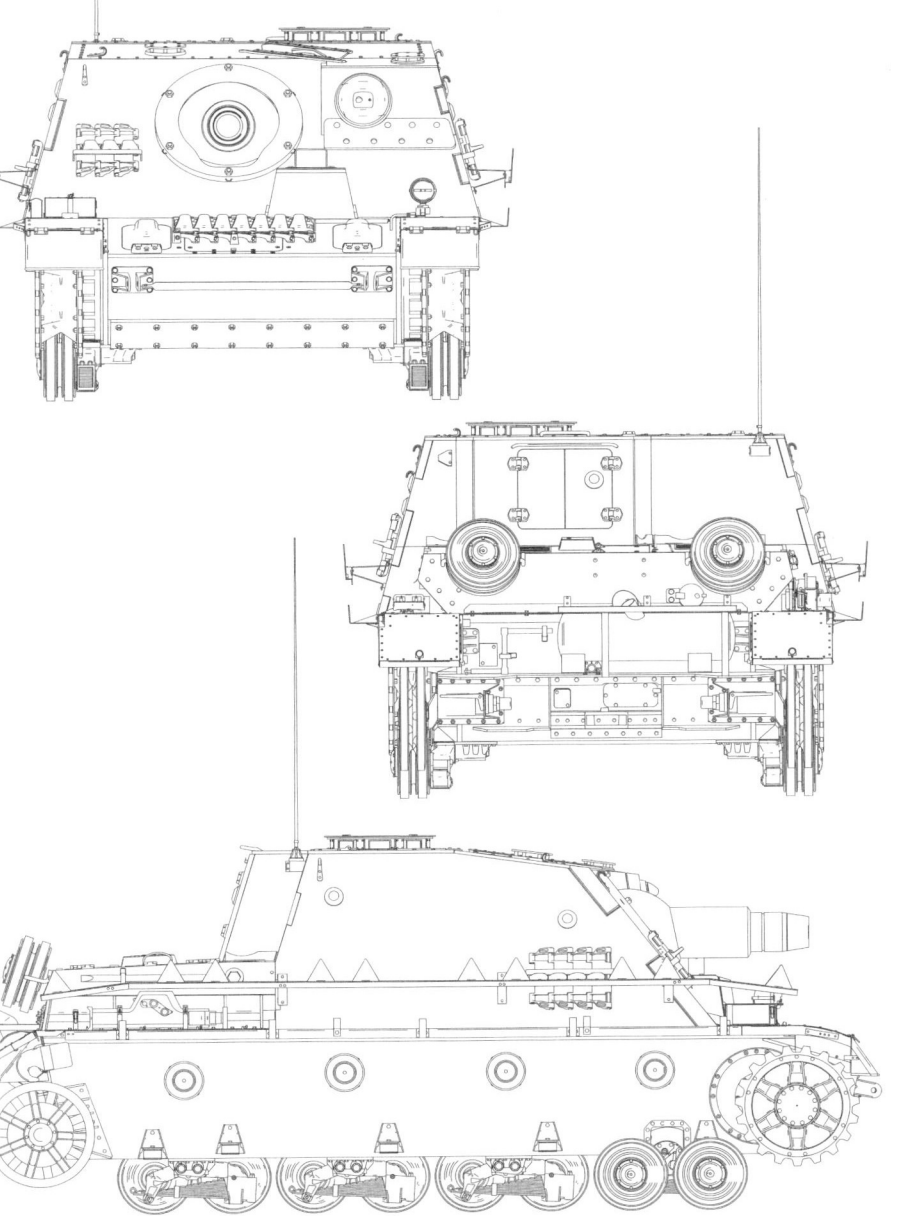

Sturmpanzer 43 with extra track links as additional protection for the fighting compartment. Drawing based on the photo of Sturmpanzer 43 captured by Canadian troops in France. (Source: Waffen Revue Nr 86, Journal-Verlag Schwend GmbH 1992, pg. 31)

Sturmpanzer 43 z zapasowymi ogniwami gąsienic stanowiącymi dodatkową osłonę przedziału bojowego. Rysunek wykonany na podstawie zdjęcia Sturmpanzer 43 zdobytego przez oddziały kanadyjskie we Francji (źródło: Waffen Revue Nr 86, Journal-Verlag Schwend GmbH 1992, str. 31)

www.kagero.eu
www.shop.kagero.pl

TOPDRAWINGS
Drawings/rysował: © Krzysztof Mucha

Brummbär

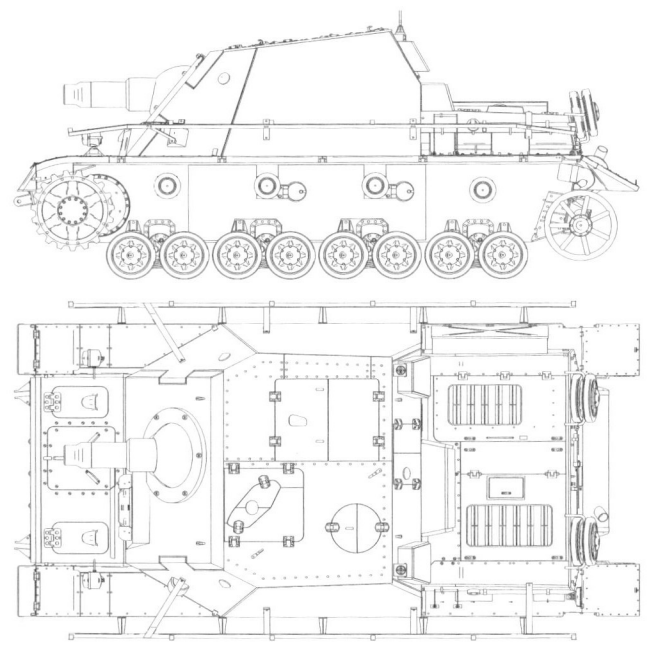

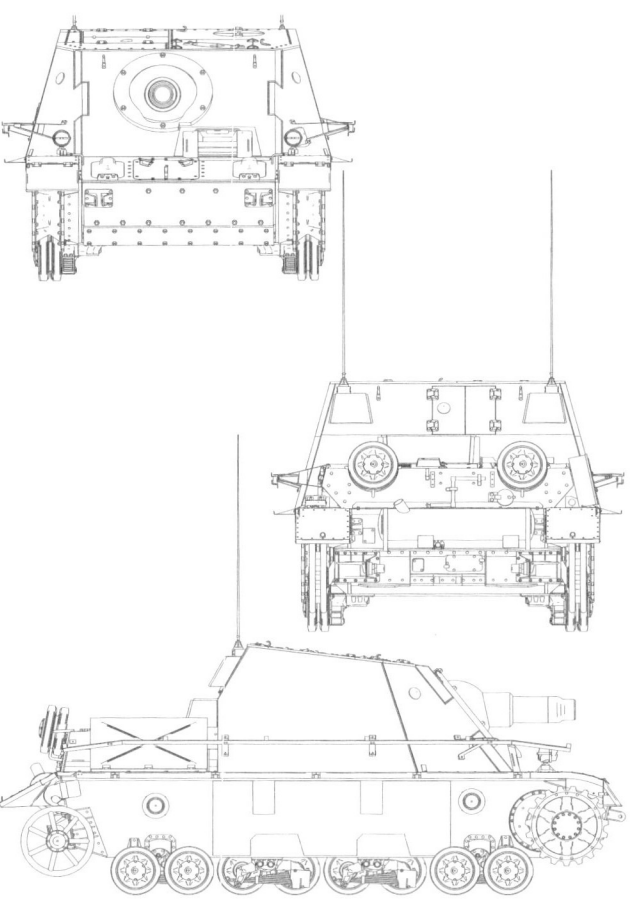

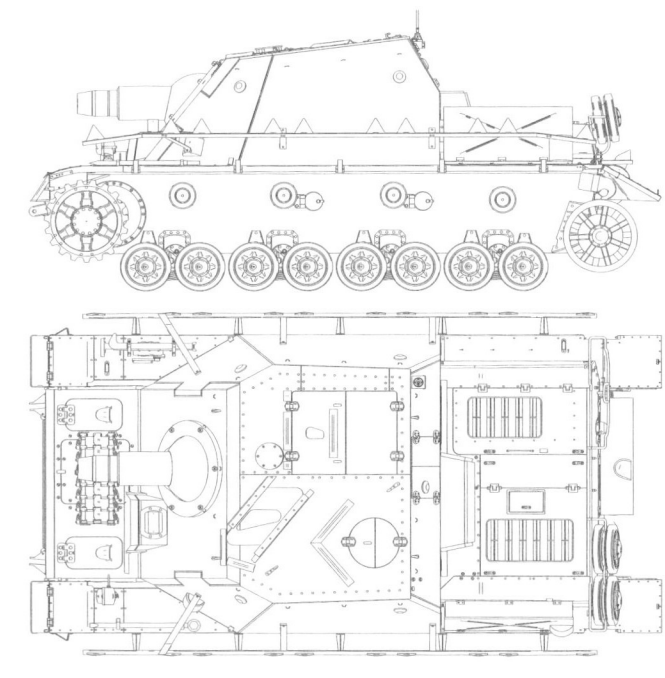

15 cm Sturmpanzer 43 (L/12)IV (Sd.Kfz. 166)
Assault gun from early production series based on Pz.Kpfw. IV Ausf E hull. The appearance of this vehicle was recreated based on the only preserved example at Kubinka.

15 cm Sturmpanzer 43 (L/12)IV (Sd.Kfz. 166)
Działo szturmowe wczesnej serii produkcyjnej opartej o wannę pochodzącą z Pz.Kpfw. IV Ausf. E. Wygląd tego pojazdu odtworzono na podstawie jedynego, zachowanego egzemplarza w muzeum w Kubince.

15 cm Sturmpanzer 43 (L/12)IV (Sd.Kfz. 166)
Assault gun from mid production series based on Pz.Kpfw. IV Ausf H hull. The appearance of this vehicle was recreated based on the preserved example at Aberdeen.

15 cm Sturmpanzer 43 (L/12)IV (Sd.Kfz. 166)
Działo szturmowe tzw. środkowej serii produkcyjnej opartej o wannę pochodzącą z Pz.Kpfw. IV Ausf. H. Wygląd tego pojazdu odtworzono na podstawie egzemplarza zachowanego w muzeum w Aberdeen.

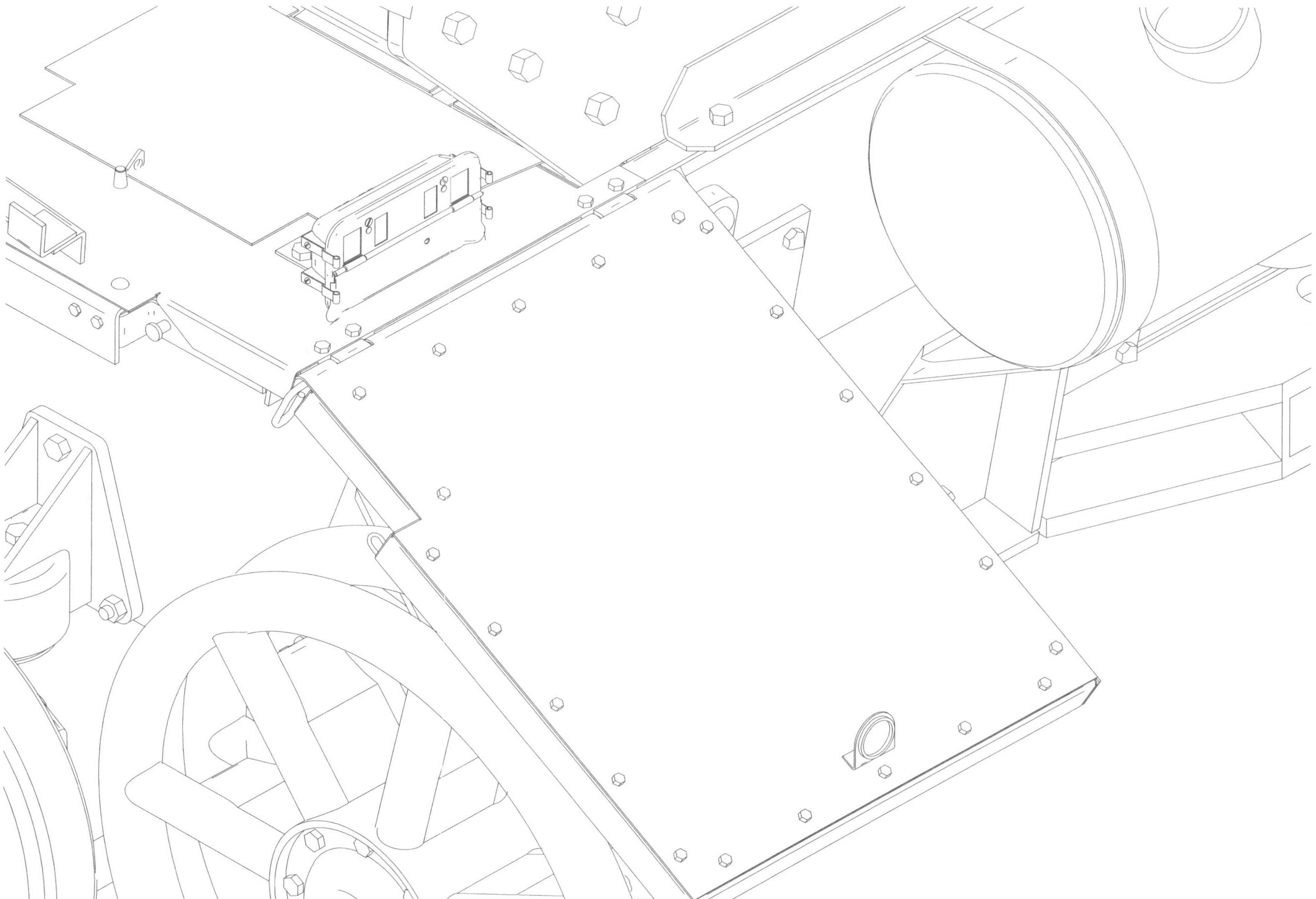

Details of Sturmpanzer 43
Detale Sturmpanzer 43
No scale

Scale/Skala: 1/72

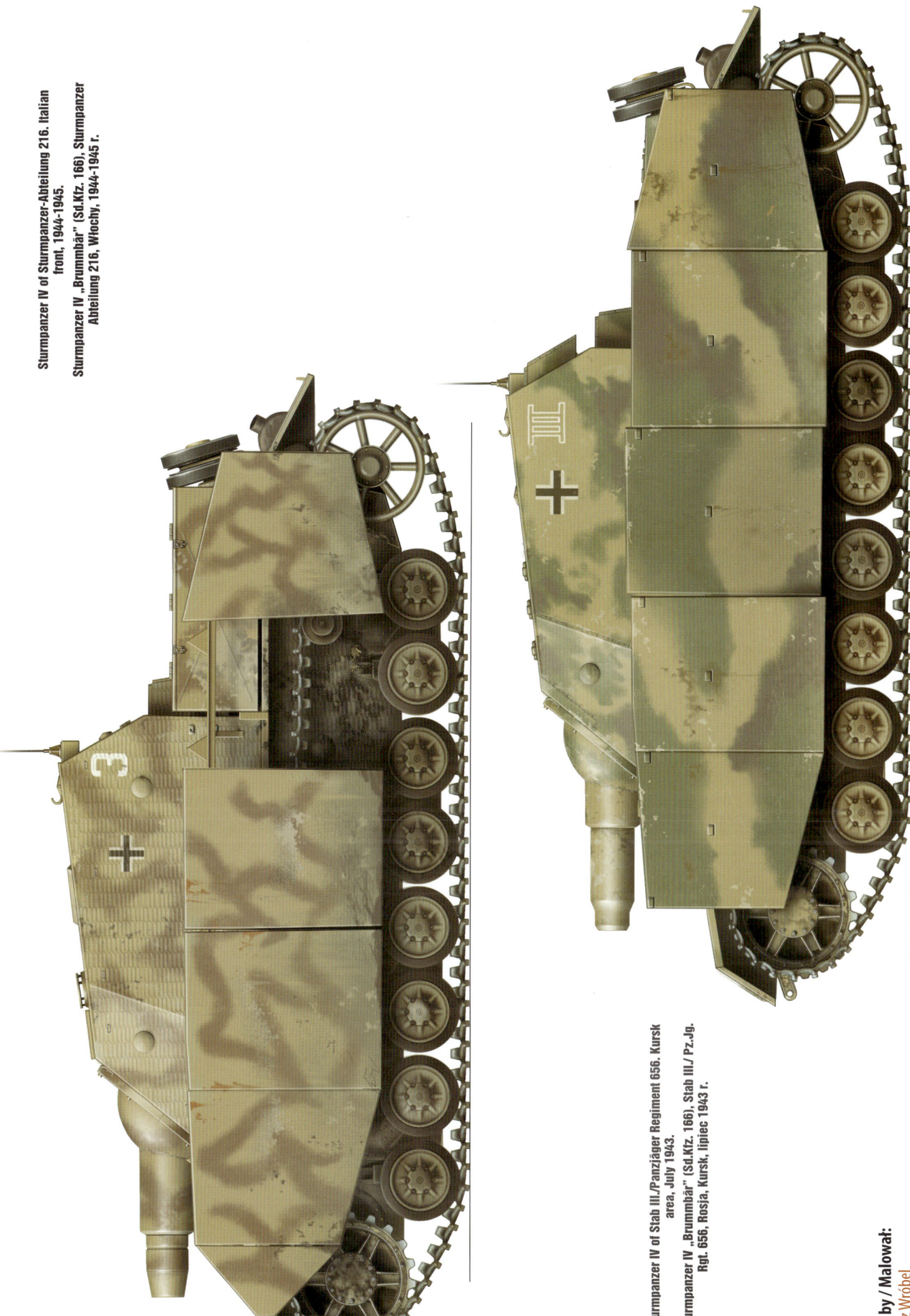

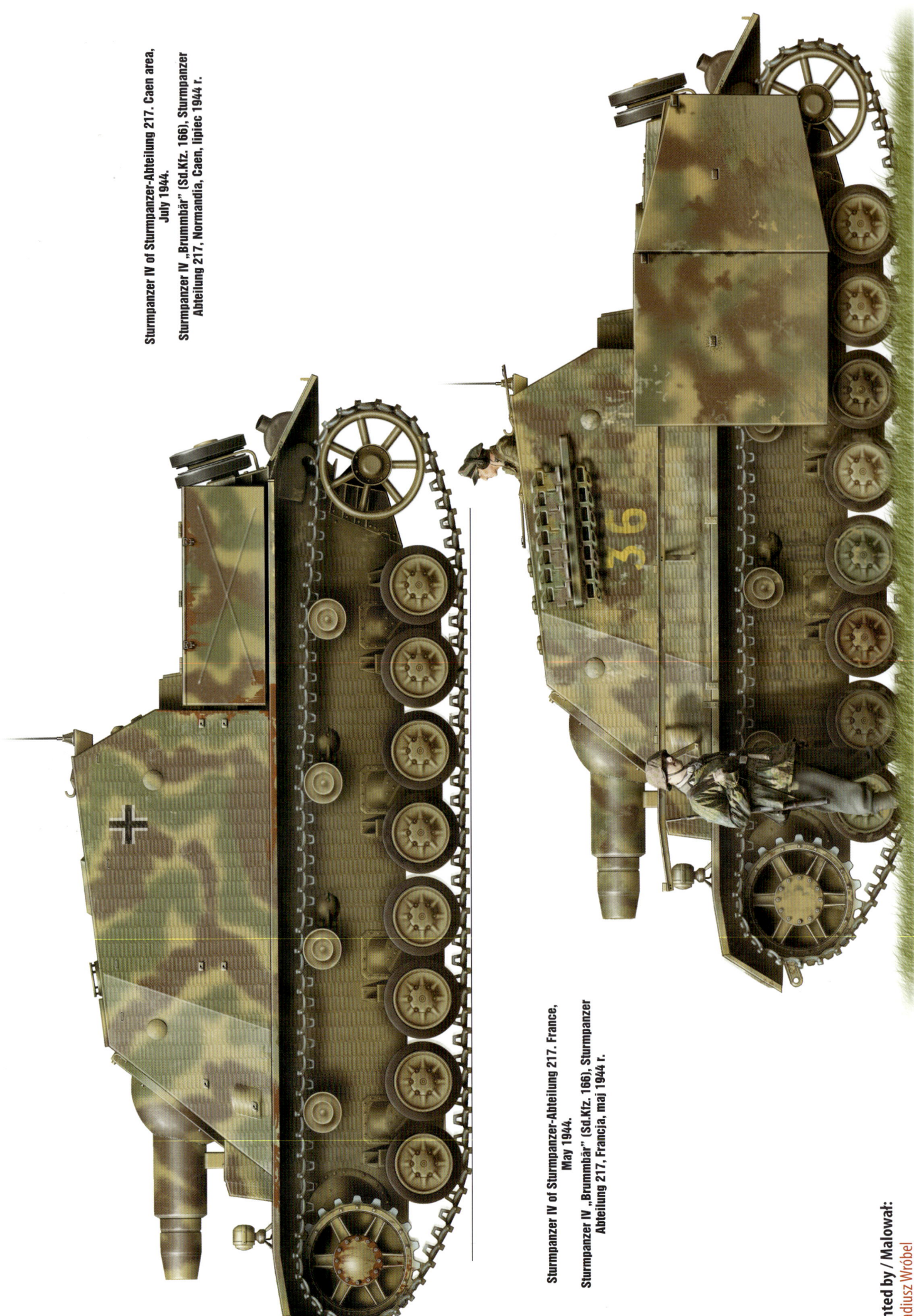

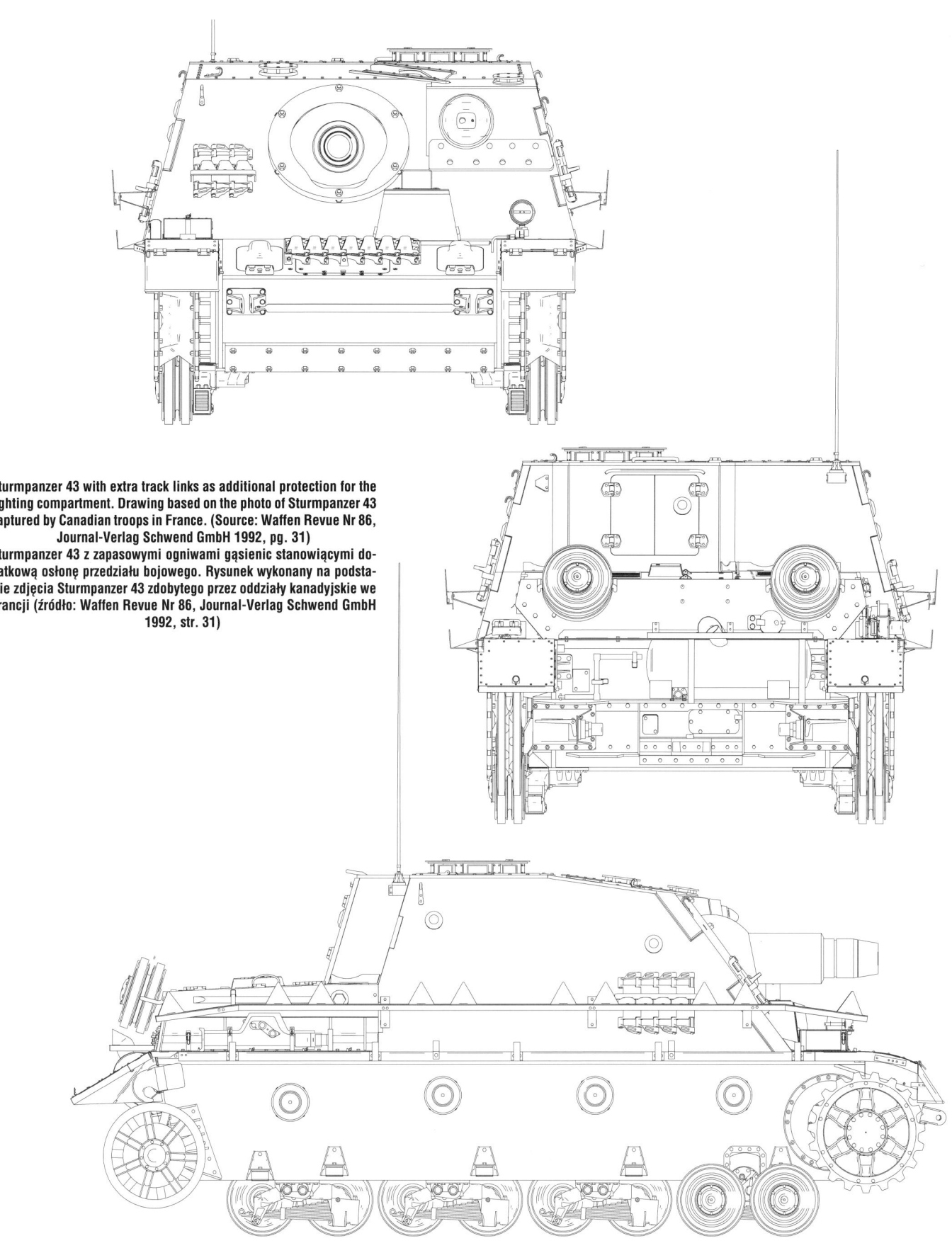

Brummbär

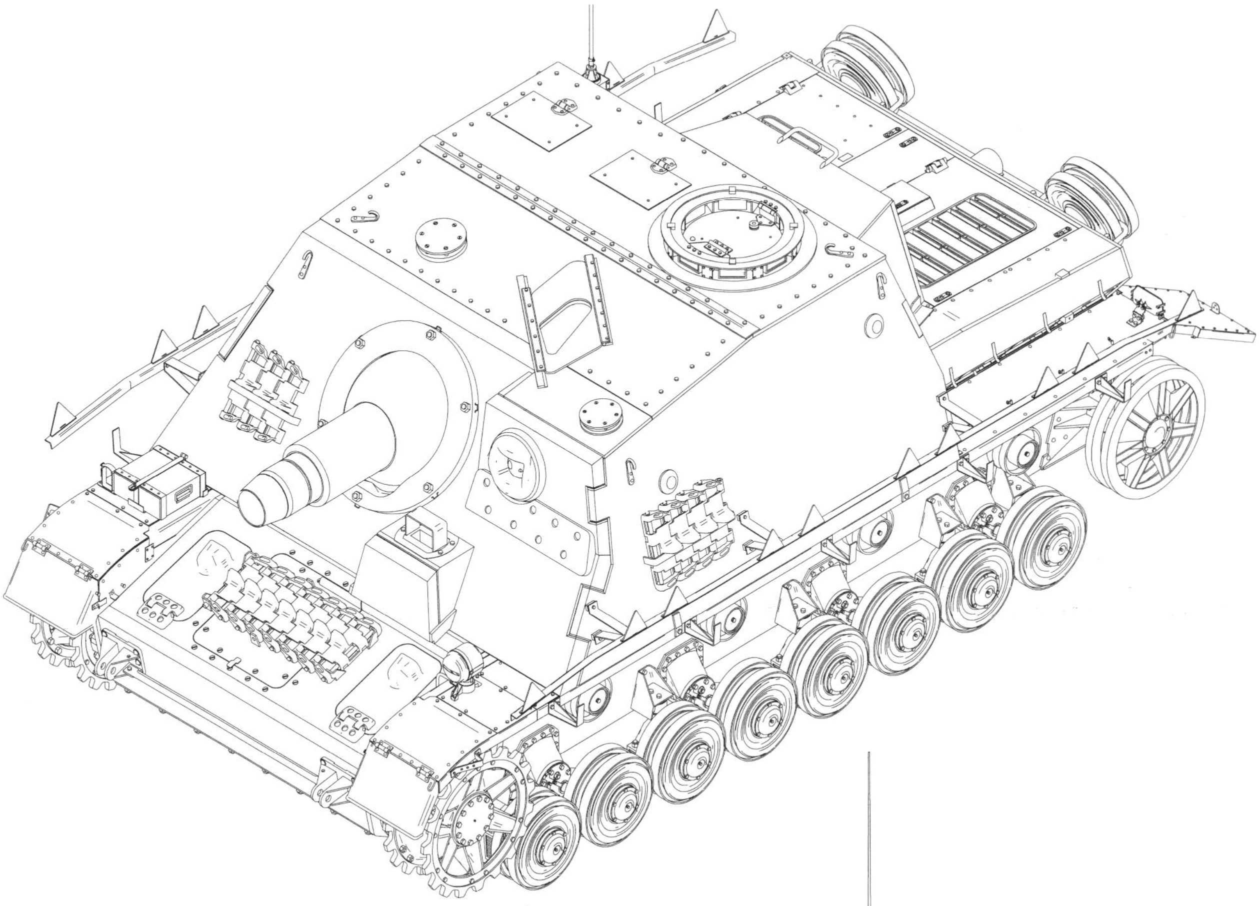

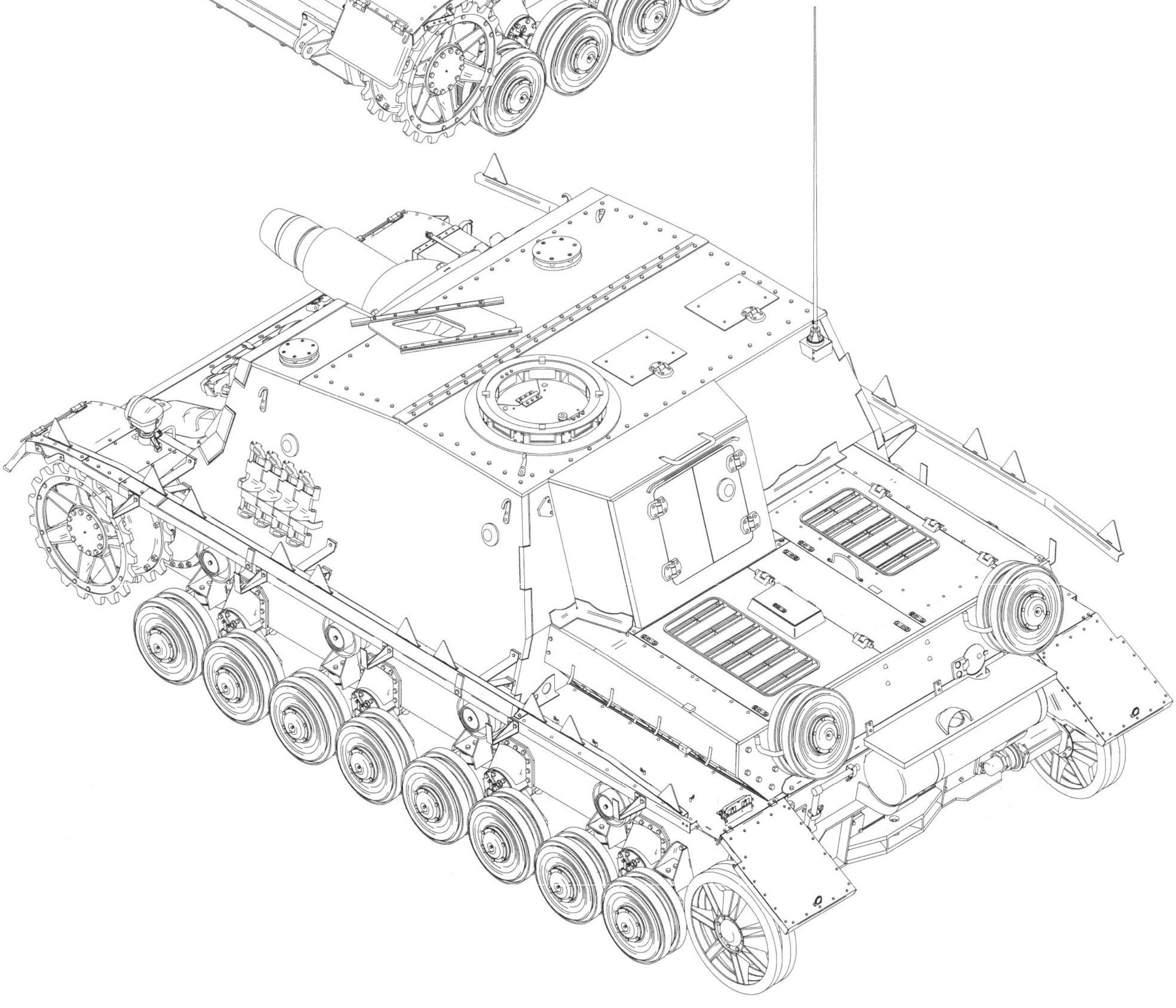

Sheet/Arkusz 11

Scale/Skala 1/35

www.kagero.eu
www.shop.kagero.pl

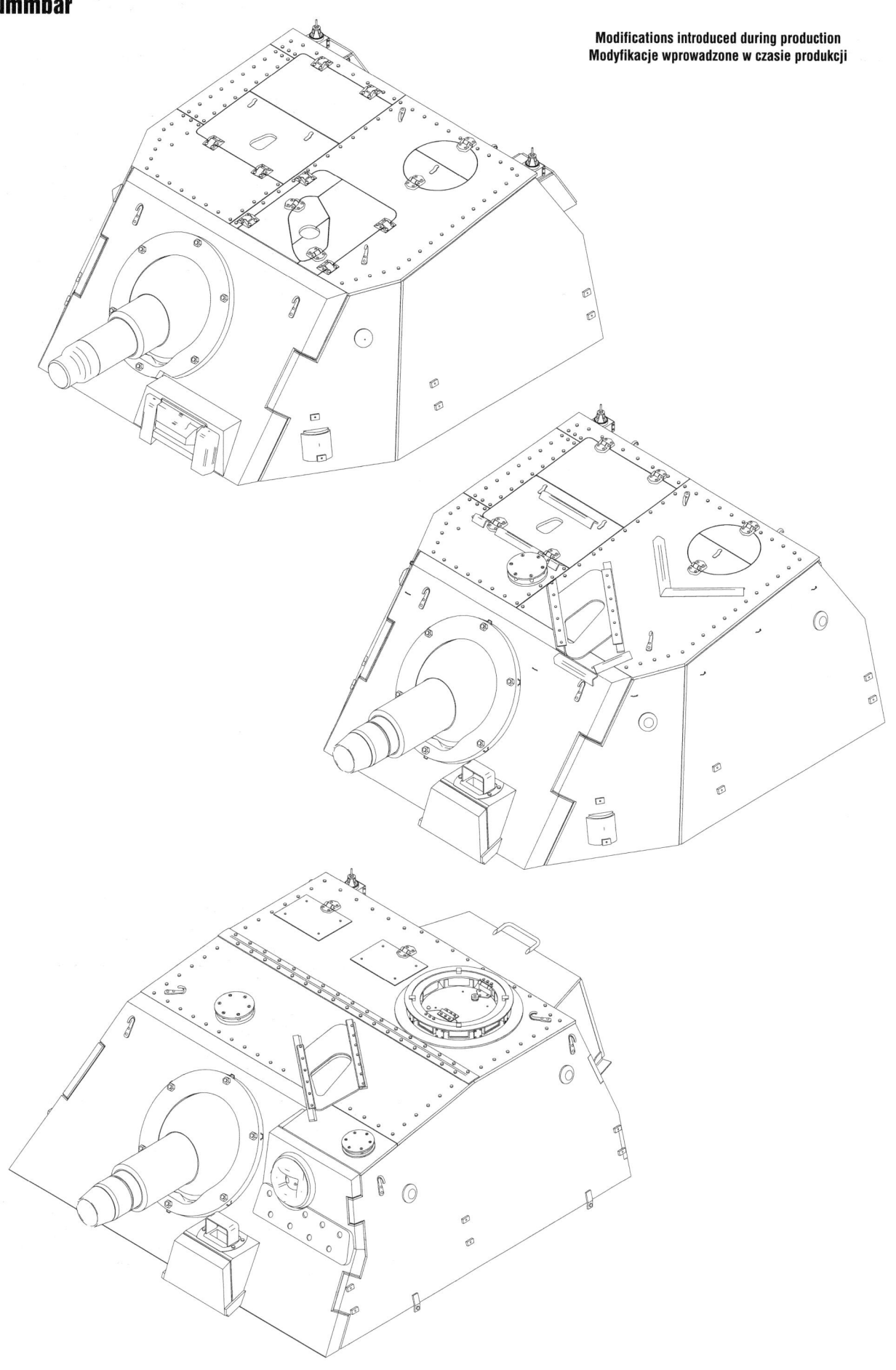

Sheet/Arkusz 13

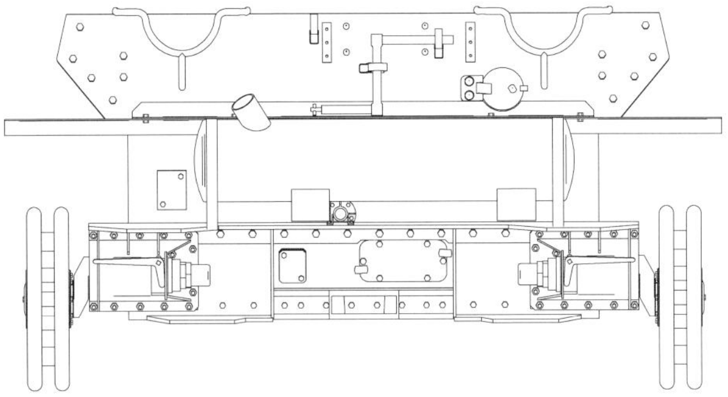

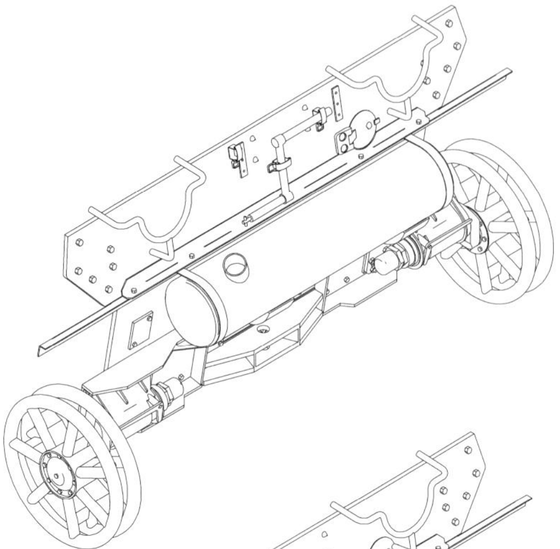

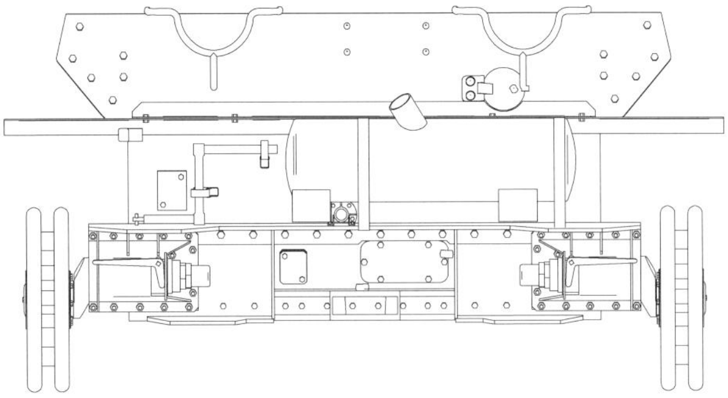

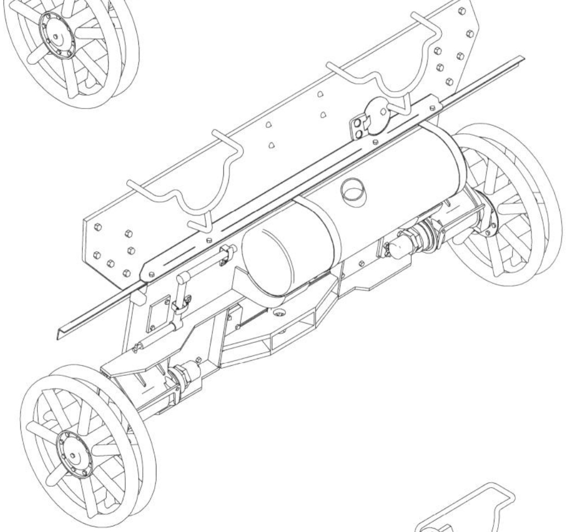

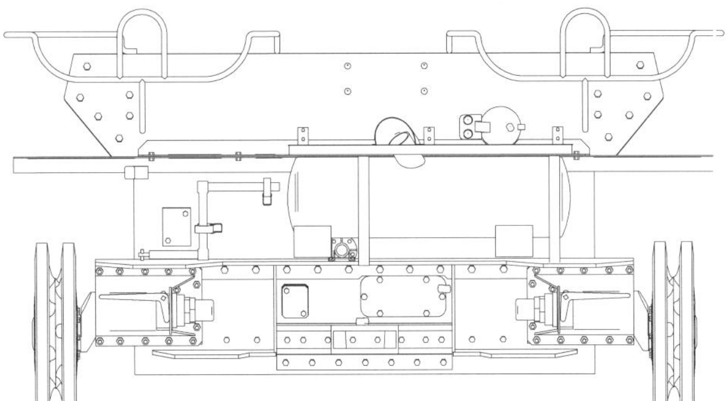

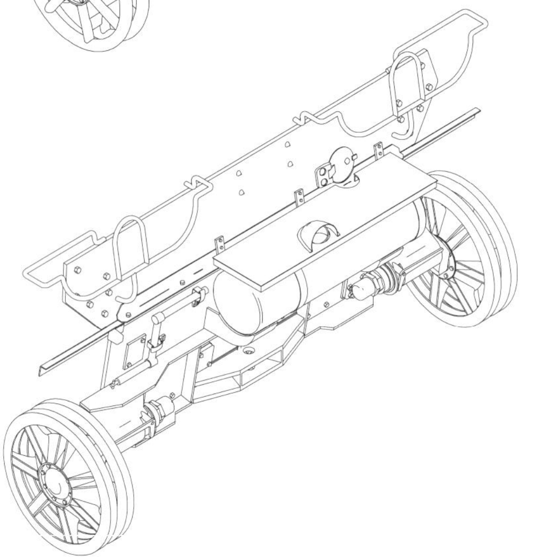

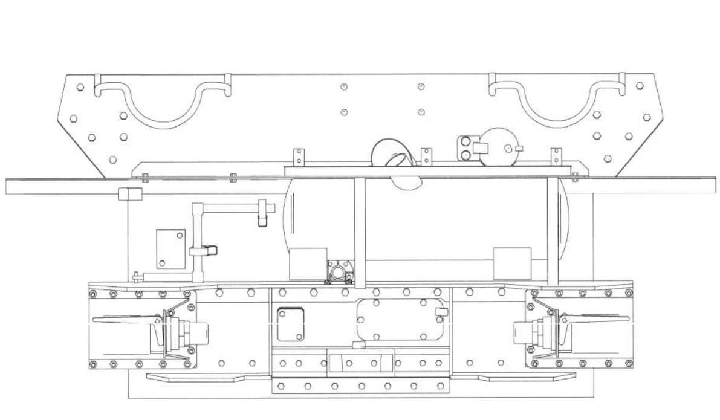

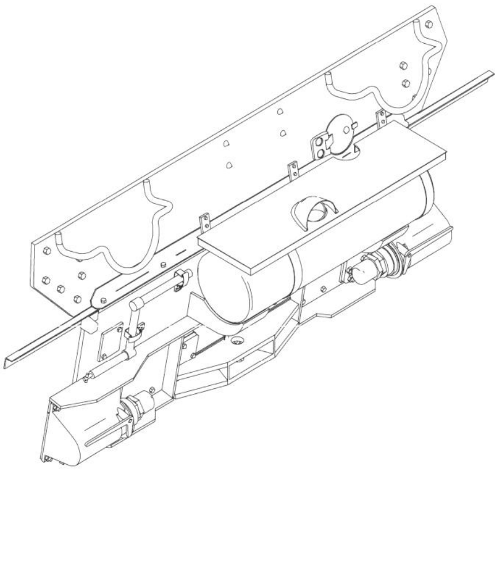

Modifications introduced during production
Modyfikacje wprowadzone w czasie produkcji

Scale/Skala 1/35

www.kagero.eu
www.shop.kagero.pl

Brummbär

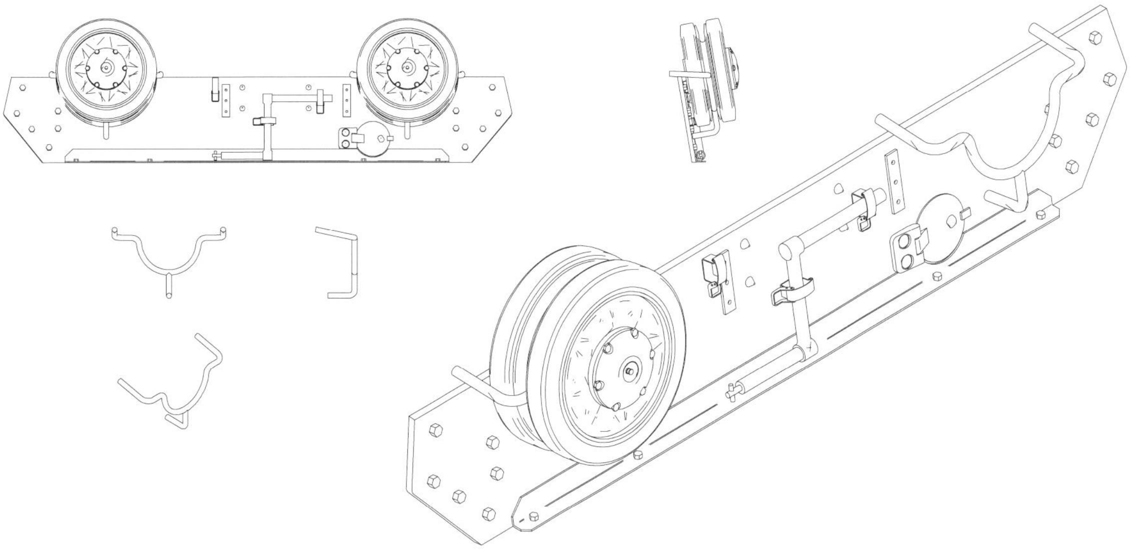

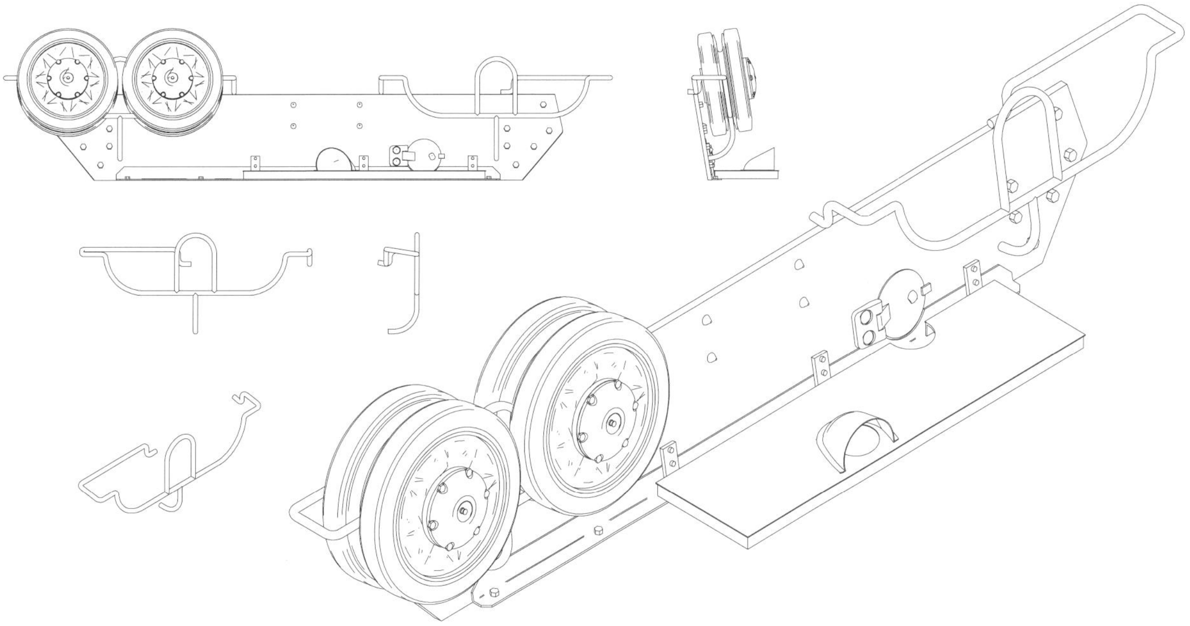

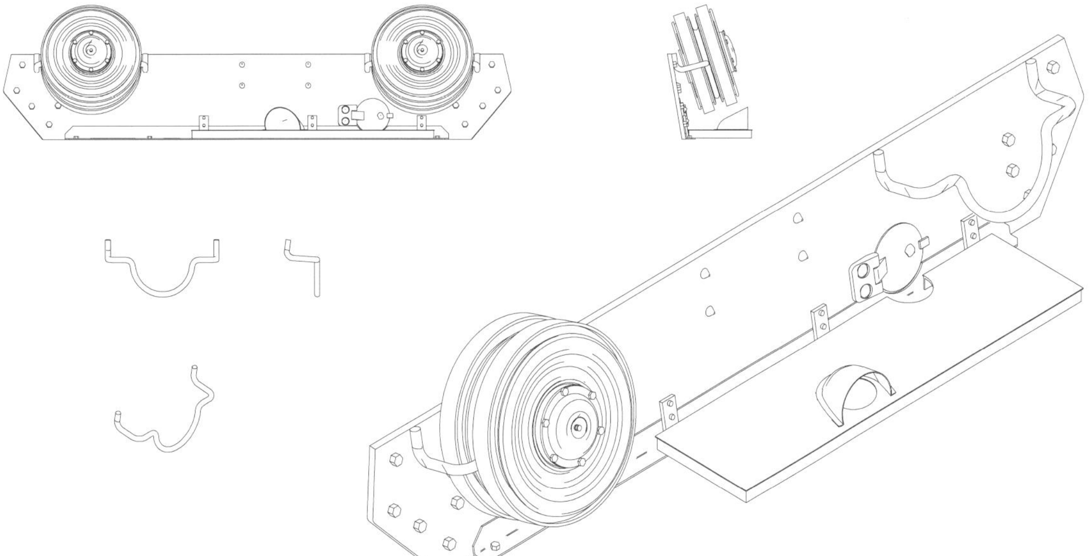

Sheet/Arkusz 14

Details
Detale

Scale/Skala 1/35; 1/17,5

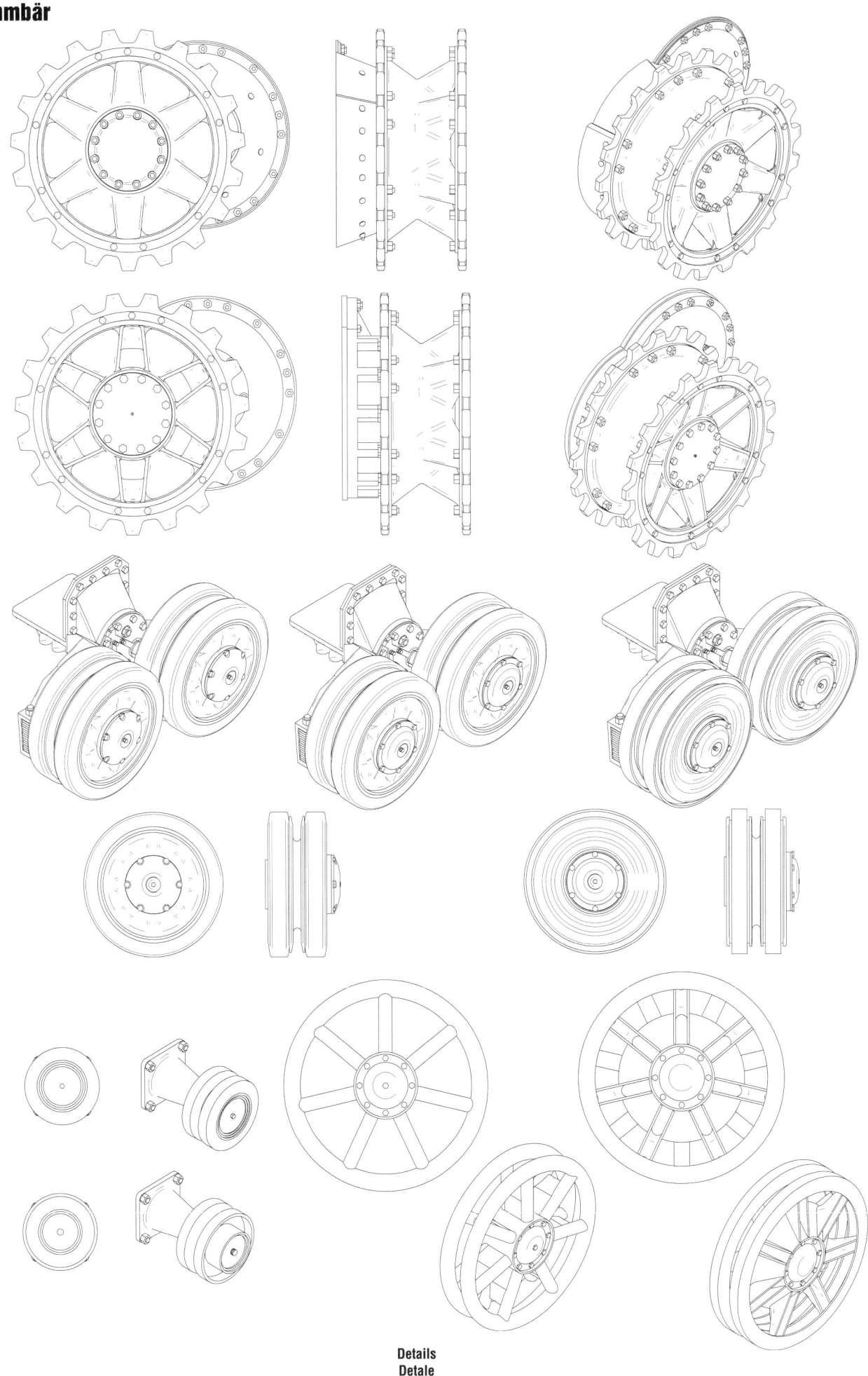

Details
Detale

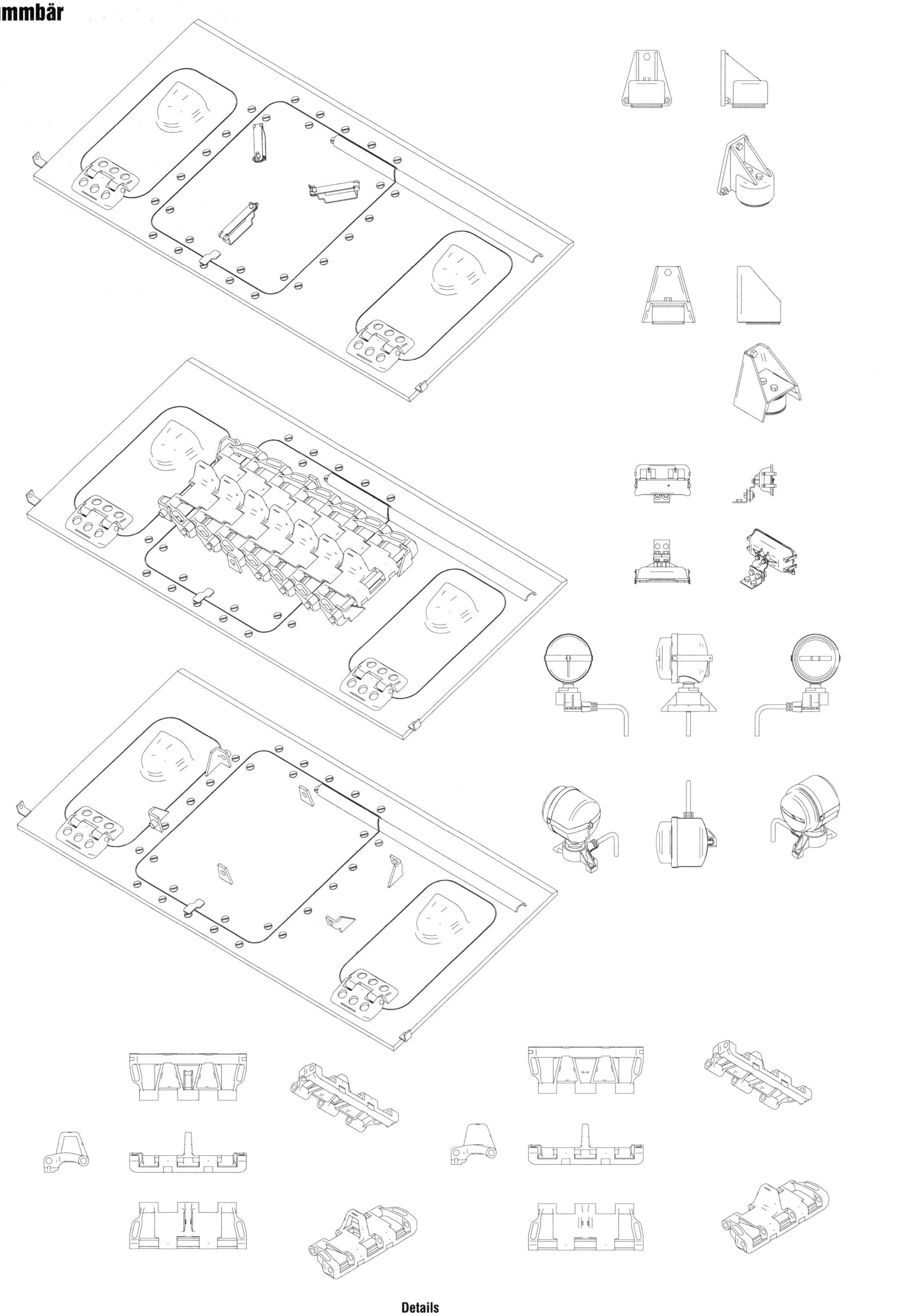

Details
Detale

Scale/Skala 1/17,5

www.kagero.eu
www.shop.kagero.pl

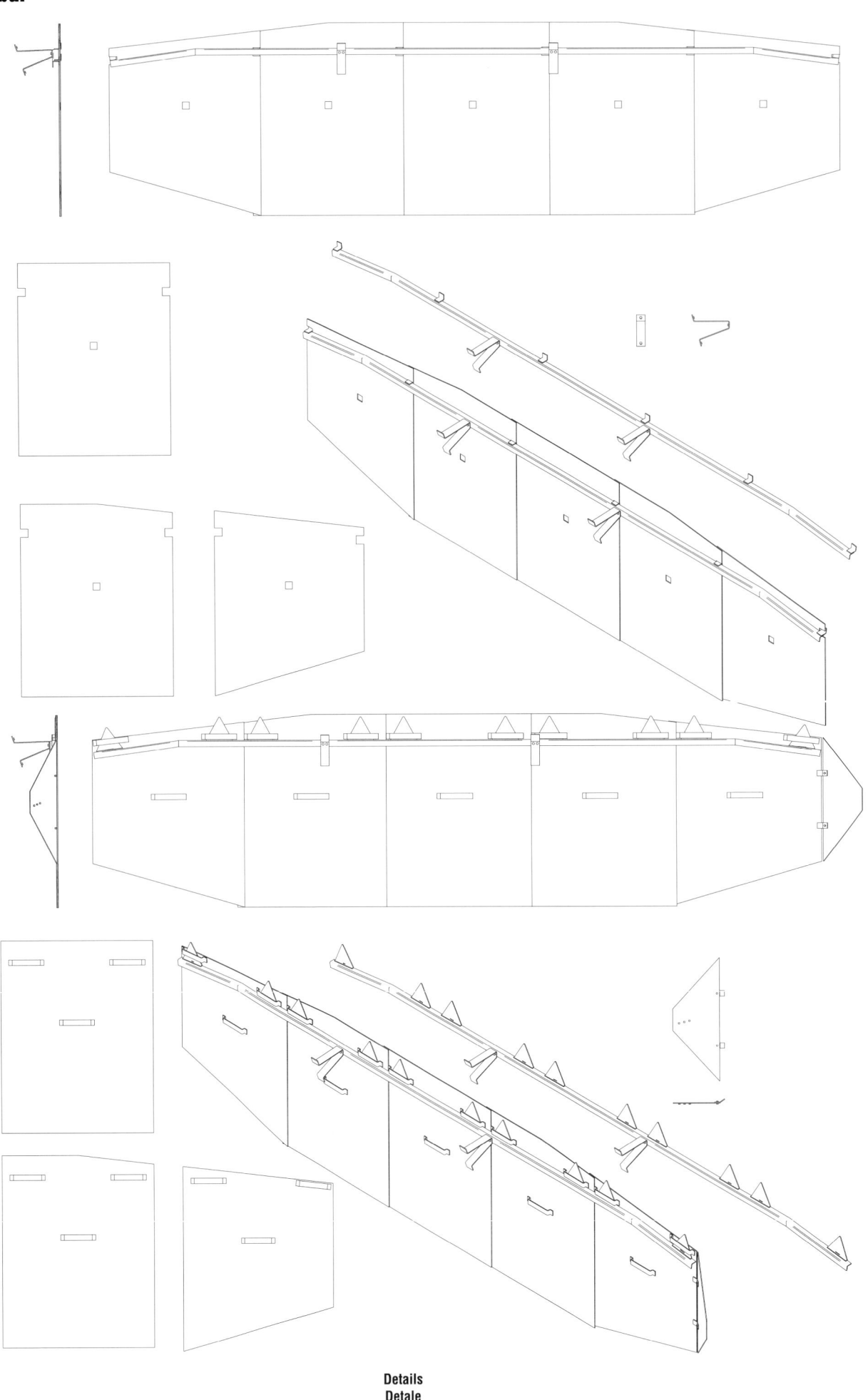

Details
Detale

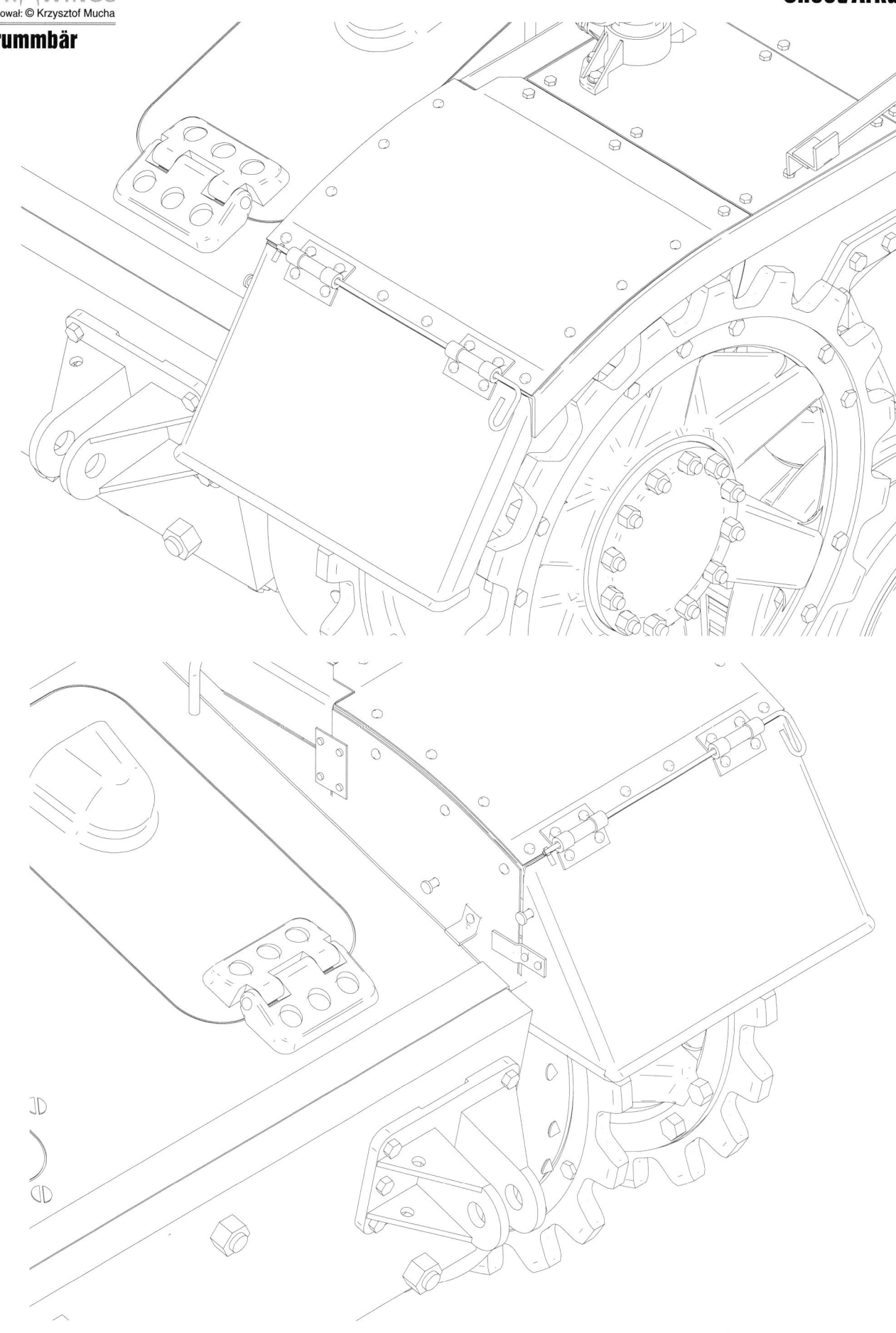

Details of Sturmpanzer 43 from early production series
Detale Sturmpanzer 43 wczesnej serii produkcyjnej

Details of Sturmpanzer 43 from early production series
Detale Sturmpanzer 43 wczesnej serii produkcyjnej